Flor de açafrão
Takes Cuts Close-ups

Guacira Lopes Louro

—

Flor de açafrão
Takes Cuts Close-ups

autêntica   *a*Rgo*S*

Copyright © 2017 Guacira Lopes Louro
Copyright © 2017 Autêntica Editora

Todos os direitos reservados pela Autêntica Editora. Nenhuma parte desta publicação poderá ser reproduzida, seja por meios mecânicos, eletrônicos, seja via cópia xerográfica, sem a autorização prévia da Editora.

COORDENADOR DA COLEÇÃO ARGOS
Rogério Bettoni

EDITORAS
Cecília Martins
Rafaela Lamas

REVISÃO
Aline Sobreira

CAPA
Diogo Droschi (Shutterstock)

DIAGRAMAÇÃO
Waldênia Alvarenga

Dados Internacionais de Catalogação na Publicação (CIP)
(Câmara Brasileira do Livro, SP, Brasil)

Louro, Guacira Lopes
 Flor de açafrão : takes, cuts, close-ups / Guacira Lopes Louro. -- 1. ed. -- Belo Horizonte : Autêntica Editora, 2017. -- (Argos, 3)

 ISBN 978-85-513-0250-7

 1. Ensaios brasileiros 2. Estudos de gênero 3. Sexualidades 4. Teoria queer I. Título II. Série.

17-05002   CDD-869.4

Índices para catálogo sistemático:
1. Ensaios : Literatura brasileira 869.4

Belo Horizonte
Rua Carlos Turner, 420
Silveira . 31140-520
Belo Horizonte . MG
Tel.: (55 31) 3465 4500

www.grupoautentica.com.br

Rio de Janeiro
Rua Debret, 23, sala 401
Centro . 20030-080
Rio de Janeiro . RJ
Tel.: (55 21) 3179 1975

São Paulo
Av. Paulista, 2.073,
Conjunto Nacional, Horsa I
23º andar . Conj. 2301 .
Cerqueira César . 01311-940
São Paulo . SP
Tel.: (55 11) 3034 4468

SUMÁRIO

7 | *Takes*
9 | Mil botões
23 | Chapéu, coldre, colete
39 | Música distante

51 | *Cuts*
53 | Um marido com tetas
63 | O inferno é aqui
73 | Zona de contrabando

87 | *Close-ups*
89 | A echarpe lavanda
103 | Calções, saias e crinolinas
113 | Flor de açafrão

125 | **Referências**

Takes

Mil botões

Chega de saudade
DIREÇÃO: Laís Bodanzky | Brasil, 2007

Passa pouco das quatro e meia da tarde, o dia está claro, mas os preparativos para o baile já são evidentes. O jovem DJ reclama da namorada: pede que ela se mexa logo e que o ajude com os equipamentos de som. Num táxi estacionado, com parte do corpo dentro e parte fora, uma velha mulher termina de calçar o sapato de festa. Seu companheiro, aborrecido, reclama por ela não estar pronta. Finalmente os dois sobem as escadas com dificuldade, ajudados por um amigo, o andar cauteloso da idade agravado pelo pé enfaixado do velho. Outros passos ansiosos se seguem. São mulheres e homens, quase sempre de "meia idade", que chegam, em pequenos grupos ou sozinhos, ao salão de danças. As mulheres, com trajes coloridos mais ou menos extravagantes ou decotados. Os homens, de mangas de camisa ou de paletó. Todos prontos para o baile.

A câmera passeia pelo salão e pela pista de dança. Em *close*, mostra detalhes das mesas, copos, bolsas... Vemos rostos enrugados e sorridentes, mãos envelhecidas e manicuradas. Acompanhamos a ansiedade e o burburinho, retalhos de conversas, o reencontro de conhecidos e os passos hábeis dos pares que já circulam.

Assim se inicia *Chega de saudade*, filme de Laís Bodanzky, que narra uma noite num salão de danças paulistano. Apenas uma noite, provavelmente semelhante a tantas que se espalham pelos salões de cidades brasileiras, feita de pequenos dramas, histórias banais, expectativas, sonhos, desencantos e prazeres.

Para quem olha de fora, esse parece ser um dos muitos "bailes da saudade" que reúnem homens e mulheres supostamente nostálgicos de outros tempos. Convidados a entrar e participar do baile, somos surpreendidos pela vitalidade e energia, pela ansiedade e gozo dos frequentadores. Eles e elas ali estão buscando parceria, seduzindo, cantando, rindo, dançando e também sofrendo decepções e tristezas.

Proibidas de usar calças compridas pelas normas do salão, as mulheres exibem vestidos e saias esvoaçantes, acentuam maquiagem e penteados. Os homens se mostram sedutores, distribuindo elogios, gentilezas, flores e agrados. Marcas de gênero que talvez possam parecer quase clichês e que vêm sendo inscritas e reiteradas nos seus corpos há muitos anos. Uma pretensa naturalidade oculta o caráter construído e continuamente reiterado da inscrição dessas marcas. Como diria Judith Butler, o gênero se constitui em "um conjunto de atos repetidos no interior de um quadro regulatório altamente rígido", um processo do qual não se pode precisar o início e muito menos o fim. É isso que se vê por aqui. Os parceiros desse baile mobilizam aparatos, dispositivos e gestos, refazem ou repetem dizeres, modos, movimentos que aprenderam como legítimos para o feminino e para o masculino pelas normas de nossa cultura.

É verdade que corpos e comportamentos, maneirismos e gestos mudam, fazem-se um pouco diferentes a cada geração e em cada um dos múltiplos grupos sociais ou de pertencimento, mas as possibilidades de ensaios e reinvenções não devem escapar desse tal quadro regulatório, em que a heterossexualidade é compulsória. Escapar desse regime implicaria se arriscar no "domínio da abjeção", como diz Butler, e os parceiros desse baile, aparentemente, não ousam tal transgressão.

Suas ousadias, se é que se pode assim denominá-las, são de outra ordem. Essa gente resiste à acomodação, à bonança, recusa a suposta assexualidade que se pretende atribuir aos mais velhos. Na contracorrente dessa representação, mostram seus corpos, gingam, atraem, beijam-se, tocam-se. A sensualidade está por toda parte: nos olhares, nas falas, nos rostos colados, nos passos e pernas que se entrecruzam, nos corpos que se encostam e se embalam.

Algumas mulheres agrupadas próximo às mesas aparentam a ansiedade de adolescentes à espera do par. Outras se movem sedutoramente ao ritmo das músicas. Nem mesmo o garçom escapa de suas investidas. Duas ou três tentam puxá-lo para a dança, e uma delas, mais atrevida, agarra-lhe a bunda com gosto. Os homens tiram as mulheres para dançar e, às vezes, cantarolam em seus ouvidos as letras das canções. Aproveitam os versos para dar um recado ou fazer uma sugestão amorosa. Elas usam o mesmo recurso, tomam emprestadas dos poetas populares rimas de sedução e anunciam: "Sei que eu sou bonita e gostosa / E sei que você me olha e me quer /

Eu sou uma fera de pele macia / Cuidado, garoto! Eu sou perigosa".

Sozinho, um homem grande e gordo, alegre e suado, dança toda noite. "Ninguém quer dançar com ele. É o Gambazão, que se enche de perfume porque tem cheiro ruim", explica Elza para a amiga. Alheio a comentários, ele parece se divertir, contente em rodar em torno de si mesmo.

"Figurinha carimbada do baile", Elza expressa toda sua disposição para a dança e para o prazer. Insinua-se para um "coroa enxuto", depois para um grupo de homens, movendo-se sensualmente, sem conseguir, no entanto, a resposta pretendida. Acompanha com inveja as mulheres que bailam e, por fim, rende-se à alternativa de pagar por um dançarino de aluguel.[1] Seu rosto marcado fica então radiante, aberto num largo sorriso. Elza se torna bonita, o corpo girando em movimentos graciosos e passos experientes. Ela se admira, aprecia seus próprios movimentos e os do parceiro. O fim da música parece sacudi-la e, antes de entregar ao rapaz o dinheiro contratado, ela o agarra e o beija, num gesto quase desesperado. Depois chora. A energia parece escoar de seu corpo.

Eudes desloca-se pelo salão e pelo bar com a desenvoltura própria de quem está "no seu chão". Conhece todo mundo, distribui atenções a velhos amigos e agrados às mulheres, em particular a Marici, parceira constante de outros bailes: "Você faz muita falta. Sem você este baile é uma noite sem sua estrela mais brilhante, e eu, um marinheiro sem sua estrela-guia, à deriva no salão", diz ao vê-la chegar.

A antiga cumplicidade e uma promessa de intimidade marcam a troca de olhares e a conversa dos dois:

— Minha filha e minha netinha já saíram lá de casa. Tô sozinha.
— Então, se depois a gente quiser tomar aquele cappuccino, não vai estar incomodando ninguém.
— É. Não vai estar incomodando ninguém...

Sedutor e hábil nas palavras e nos gestos, Eudes parece absolutamente à vontade no salão. Mas acaba surpreendido e encantado pelo frescor da jovem namorada do DJ Marquinhos. É Marici quem lhe apresenta Bel, que parece um pouco deslocada naquele lugar. A fragilidade da garota aciona no homem, imediatamente, o desejo de tomar conta dela. Eudes assume ares de cicerone e protetor, introduz a garota no salão, ensina-a a dançar, serve-lhe bebida, sussurra elogios e carrega nas gentilezas. Bel parece ter poucas referências para esses gestos e esse comportamento. Seus códigos de aproximação e de jogos amorosos com os homens são provavelmente distintos. Isso não impede (muito pelo contrário) que ela se sinta tocada pela sedução de Eudes. A simpatia que os reúne se desenvolve em conversas e danças durante toda a noite. O encontro perturba os parceiros que foram momentaneamente abandonados: a diferença de idade, que fascina Eudes e envolve Bel, provoca repulsa em Marquinhos e ressentimento em Marici.

Algumas amigas procuram dar apoio a Marici: "O Eudes tem uma queda toda especial por você. Se você intima ele, ele vem comer aqui, na sua mão". Ao que ela responde: "Marilena, mulher funciona com mil botões, tem vários disjuntores. Pra ligar tem que saber mexer. Se mexer na chave errada, tudo desarma. Homem não. Homem é uma chave só, geral. Sabe, daquele tipo: *toing!*

Basta um rabo de saia novo para perder o rumo de casa".
Uma amiga replica: "Eu se fosse você ligava todos os seus
botõezinhos e ia desligar a chave geral do Eudes".

O diálogo resume e reafirma, de modo irônico, o
senso comum que divide o mundo, inexoravelmente, em
dois universos, masculino e feminino, atribuindo a cada
um qualidades específicas. Magoada, mas assumindo um
ar superior, Marici positiva, de algum modo, a diferença
feminina. Sua argumentação ecoa fragmentos de discursos
psicanalíticos e religiosos que atribuem à mulher mistério,
complexidade e uma sexualidade difusa, em oposição
ao homem, focado na sexualidade genitalizada. Os "mil
botões" seriam indicativos de um gozo feminino mais
amplo; mas sua fala também permite pensar que cabe ao
outro (ao homem, supostamente) a responsabilidade de
saber "mexer" com habilidade nesses "disjuntores", senão
tudo "desarma".

Um sentimento de identidade feminina aproxima
essas mulheres, reunidas na manifestação de solidariedade e simpatia à companheira rejeitada, e é justamente na
contraposição com o masculino que esse sentimento pode
se construir. É na diferença que se constitui a identidade,
por isso, para afirmar marcas da feminilidade, será neces-
sário lidar com marcas da masculinidade, para recusá-las
e rejeitá-las. Ao compartilhar suas experiências, dores e
vitórias, essas mulheres criam e recriam laços, apagando
ou escondendo, pelo menos por algum tempo, outras diferenças que possam ter. Os lugares tradicionais de gênero
são retomados: "Homem de salão não presta... Você deixa
ele solto demais", dizem as amigas. Marici justifica: "Na
gaiola ele não canta".

E Eudes canta... para Bel. Quando no salão se ouvem as primeiras notas de "Carinhoso", ele sussurra para a garota: "Meu coração / não sei por que / bate feliz quando te vê...". Marici observa tudo de longe, magoada.

O clima de confidência e reflexão entre as mulheres continua. Marici proclama autossuficiência: "Quero voltar para as minhas cerâmicas. Minha energia de mulher vem do barro, não dos homens. Eles são ótimos, principalmente num dia de chuva. Mas minha felicidade não depende deles. Ela vem daqui" (e bate forte em seu corpo). Sua fala e seu gesto orgulhosos repetem uma imagem feminina secular. Não deve ser por acaso que ela toca em seu ventre e enfatiza que essa é a origem ou fonte de sua felicidade. Há séculos as mulheres aprenderam a associar seu destino (sua felicidade?) ao seu corpo, ou melhor, ao seu ventre. Sua fala traz elementos desses discursos milenares: o barro, a criação, o corpo, a sexualidade.

Ao final do baile, desarticula-se o par provisoriamente arranjado entre Eudes e Bel. Cada um tem de se ver às voltas com os antigos parceiros. Eudes usa todo seu charme para se "explicar": "Vai me dizer que ficou com ciúmes da menina?... Você me conhece... Eu me encantei pelo momento... ela é uma menina doce, pura, começando a vida... mas a mulher é você, Marici". Esta, depois de alguns instantes, aceita a carona do amigo, dizendo com um sorriso: "Você sabe que eu tô pra ver lábia melhor que a sua? Bandido"...

É a juventude mais do que a garota que efetivamente encanta Eudes. "Há muito tempo que eu não me sentia assim", ele havia dito para Bel, quando tentara, sem sucesso, beijá-la. Apresentar à menina uma bebida, um passo de dança, cercá-la de galanteios e ver seus olhos brilharem, seu corpo se mover com alegria e inexperiência trouxeram também para ele um gosto de coisa nova, um gosto de "primeira vez". De algum modo, por algum tempo, Eudes revivera, através dela e com ela, a juventude. É isso que ele tenta explicar, recorrendo até mesmo a uma poesia. Marici compreende a fantasia do homem e o recebe de volta.

Pode ser simplista ver no episódio uma mera confirmação da dominação masculina. Há mais em cena do que um homem que faz e desfaz e uma mulher que aceita e se submete. Os jogos de poder que constituem as relações de gênero são mais intrincados e sutis do que parecem à primeira vista. São jogos exercidos, muitas vezes, com cumplicidade e malícia, eventualmente com violência ou consentimento, mas, sempre, com ingredientes de resistência. Como em outros jogos, a posição dos participantes pode ser transitória e movente; quem assume a iniciativa e o protagonismo num momento pode, em outro, se submeter. E pode se submeter para, adiante, ganhar uma nova posição. Se as formas de exercer o poder nessas relações (e em tantas outras) são, frequentemente, discretas e quase invisíveis, as formas de resistir ou de escapar à submissão são, igualmente, sutis e múltiplas. Por isso é ingênuo reduzir as relações de gênero a uma equação formada pelo binômio homem dominante *versus* mulher dominada. Os enredos e as estratégias desses encontros são bem mais complexos. Além disso, jogos de poder não se exercitam apenas no campo do gênero e da sexualidade, mas se dão, ao mesmo tempo, em muitos outros domínios, embaralhando os confrontos.

A história de uma mulher misteriosa que chega ao baile quando a noite já avançou põe em evidência o protagonismo e a iniciativa femininos. Com passos firmes e elegantes ela entra no salão. Um animado forró esquenta as danças, repetindo: "Você não vale nada, mas eu gosto de você...". O garçom se apressa: "Sua mesa, dona Rita, já está reservada". E solicita ao bar: "Tragam a garrafa de dona Rita". A mulher se dirige à mesa isolada, sem falar com ninguém. Alguns comentam que ela é "linda", "poderosa", "tem carrão com motorista e vem ao baile escondida do marido". Inicialmente ela parece uma espectadora da festa, mas, pouco depois, inicia troca de olhares com um argentino sentado adiante com um grupo de amigos. Ao som de um tango ambos se levantam e se encontram para dançar. Sem trocar palavras, parecem em completa sintonia, deixando evidentes sua habilidade e sensualidade. O homem gordo passa a iluminar os passos do par com uma pequena lanterna, e todos aplaudem quando a dança termina. Logo a seguir, a mulher se fecha no banheiro e se masturba. Volta depois para sua mesa e se reúne com o argentino. Os dois se sentam muito próximos, sussurram, passam a trocar beijos e carícias cada vez mais intensos. Uma falta de luz momentânea contribui para a intimidade e para o gozo. No salão, o baile continua, e os dois parecem estar num mundo à parte. Mais tarde, ela paga a conta e sai. O homem fica sentado à mesa, sozinho e cabisbaixo.

Todo o episódio sugere que, nesse encontro, o comando é feminino. Rita demonstra saber o que quer, entra e sai do espaço com autoridade e segurança e não busca outros contatos senão com o homem que escolheu como seu par erótico. Sua autonomia e determinação são acompanhadas por certo isolamento, aparentemente provocado ou desejado por ela. O tango é parte do encontro erótico e, ao mesmo tempo, uma espécie de preliminar para o gozo, que ela alcança, num primeiro momento, sozinha e, em seguida, com o parceiro.

Não se trata de ver aqui uma inversão do jogo de poder entre os gêneros ou uma proclamação de autossuficiência feminina, e sim mais um recorte dessa complexa dinâmica. Também seria de um otimismo impensado supor que, nesse espaço ou nesse momento, as relações de gênero se dão em plano de igualdade entre mulheres e homens. Uma longa história de supremacia masculina, reiterada e legitimada por discursos e práticas continuados, desacredita tal interpretação. Na cultura brasileira, como em tantas outras, por muito tempo, coube ao homem o direito (e o dever) de decidir e mandar, e à mulher cabia seguir e obedecer. Isso pode ter mudado, pelo menos em parte. Mas nem antes nem agora essas posições foram ou são fixas. O emparelhamento do binômio masculino/feminino ao binômio atividade/passividade é, de qualquer modo, uma falácia. As posições podem ser embaralhadas e cambiantes, e, antes disso, há que se reconhecer que os polos masculino e feminino estão longe de ser, em si mesmos, homogêneos ou singulares. Os jogos de poder são sempre complexos.

Disputas e ciúmes tomam parte em alguns desses jogos experimentados por homens e mulheres, jovens ou velhos. Um dos homens traz a esposa ao baile e rompe com uma regra ajustada com a parceira habitual do salão, a quem prometera "respeitar o espaço". O enfrentamento das duas mulheres se dá num diálogo cheio de ironia:

— Você não se incomoda de saber que ele está amando outra pessoa?

– Amando? Você quer dizer indo pra cama com outra pessoa? Pra mim amor é completamente diferente.
– Às vezes uma hora num motel vale mais do que uma vida inteira de casamento.
– Mas que maravilha de amor!!! Que conceito de amor esse seu! Ele te deixa feliz?
– É esse que me faz viver, que me deixa viva! Viva! Eu me sinto viva!

No bate-boca pelo mesmo homem, cada uma recorre às armas de que dispõe. Ele assiste à cena de longe, hesitante, desconfortável. Quando o embate se encerra, o homem se limita a ouvir a mulher que lhe fala a partir do lugar legitimado. Assume, então, sua posição de marido, passa o braço sobre seus ombros, e ambos deixam o baile mais cedo, para voltar à casa e à norma.

O ciúme se expressa com violência nas palavras e no soco com que Marquinhos derruba Eudes e se insinua nos resmungos e no ressentimento do velho Álvaro, sozinho à mesa com o pé enfaixado. Enquanto bebe, ele ouve a *crooner* do conjunto cantar: "Quem és tu? / Quem foste tu? / Não és nada. / Se na vida fui errada / Tu foste errado também". A música acentua a nostalgia de Álvaro. Mas, nesse caso, talvez seja mais razoável pensar que sua mágoa não se dirige à velha parceira, e sim se constitua numa espécie de ciúme de seu próprio passado, quando ele era o rei do salão, dançarino aplaudido e aclamado.

O baile (ou o filme do baile) é um recorte dos jogos imprevisíveis e plurais que se dão entre os sujeitos, não mais do que isso. Pode servir como uma espécie de vitrine que exibe e convida a ver algumas coisas ao mesmo tempo que leva a imaginar outras tantas. Aqui, a heteronormatividade, silenciosa e naturalizada, é, aparentemente, reiterada por todos. As normas regulatórias trabalham performativamente para materializar a diferença sexual. Pequenas variações de comportamentos, gestos, enunciados podem até sugerir fissuras nas expectativas tradicionais do lugar do feminino e do masculino nessa cultura, mas não chegam a contrariar o imperativo heterossexual. Não nesse baile.

Se é isso que o filme dá a ver, ele também faz pensar naquilo que não mostra: outras possibilidades de corpos, de experimentação dos gêneros e das sexualidades, outras formas de encontro. Se o gênero não pode ser compreendido como algo que está dado ou que é inscrito nos corpos de uma vez só, de um só golpe, e sim como uma sequência de atos, é possível pensar que será apenas a reiteração continuada desses atos que cria sua aparência (ou sua ilusão) de naturalidade. A normatividade não está assegurada, ela é promovida, experimentada cotidianamente. Talvez se possa pensar que viver os gêneros dentro de tal normatividade se constitui numa espécie de estratégia de sobrevivência cultural, uma vez que aqueles e aquelas que não realizam a prescrição têm enormes custos morais, políticos, materiais, sociais.

Apesar dos pesares, alguns (ou muitos) se arriscam à desobediência, atrevem-se a transitar pelas fronteiras dos gêneros e da sexualidade, a desejar quem não devem desejar, a experimentar a ambiguidade. Não estão visíveis nas cenas que nos foram dadas a ver, mas seria possível afirmar que também "estavam" ali. De algum modo, esses "seres abjetos" costumam habitar e assombrar os corpos de todos os homens e mulheres. Eles nos são indispensáveis. Eles fornecem o limite e mostram até onde os corpos "normais" podem ir.

"Naturalmente" nesse baile os homens buscam as mulheres e as mulheres buscam os homens. Quando eventualmente duas mulheres dançam juntas, só o fazem por falta de par e para exibir seus corpos e sua disposição para a dança. Juntam-se, enfim, para se mostrar aos homens. A amizade entre os homens também tem, aqui, os contornos socialmente permitidos. Mostra-se, por exemplo, na solidariedade e no afeto com que Eudes recebe o amigo que retorna ao salão após um largo tempo no hospital. Dionísio conta que viu a morte de perto: "Passei duas semanas dançando de rosto colado com ela na UTI", diz, enquanto percorre o baile com o olhar. O homem fala da dor, abre a camisa, mostra a cicatriz da cirurgia. O amigo replica: "Deixa isso pra lá, isso é um troféu, uma tatuagem. Uma tatuagem no peito". Com a linguagem masculina da guerra, Eudes busca reverter a doença e a fragilidade de Dionísio, atribuindo-lhes um signo de vitória. A cicatriz é transformada num troféu recebido pela derrota do inimigo, a morte.

A nostalgia dos "bons tempos" sentida por Álvaro e a proximidade da morte experimentada por Dionísio são referências de velhos, talvez raras nesse salão. Quando Ernesto, outro *habitué*, sente-se mal, o funcionário que verifica sua pressão lhe recomenda: "Na sua idade tem que evitar emoções... Tô falando para o senhor ir com calma nos namoros, na bebidinha, no cigarro". Ernesto retruca: "Tá me receitando a novela das seis?... Melhor mesmo é deitar no caixão e ficar esperando a danada chegar". O rapaz se justifica: "O senhor é que sabe... Tô só querendo ajudar...".

Ernesto se recusa a "evitar emoções", ou melhor, se recusa a ser tratado como velho, assim como se recusam tantos participantes do salão. Eles e elas não querem saber de cuidados, prudência, esperas. Querem viver o momento, gozar aqui e agora. "Chega de saudade", parecem dizer, quando se entregam à dança e aos jogos de sedução. Talvez estejam escapando "dos constrangimentos, dos estereótipos, das normas e dos padrões de comportamento baseados na idade", como dizem alguns estudiosos, ou experimentem a tal "descronologização da vida", que, segundo outros, seria uma característica da pós-modernidade. Mas se chegam a escapar das normas, é preciso reconhecer que o fazem do seu jeito, não se travestem de jovens, não os imitam, não fingem que são garotos. Suas músicas, roupas, gestos, seus namoros e até suas brigas têm seu próprio estilo. Não parecem pretender qualquer revolução, só querem "curtir" a vida. E pode ser que dessa forma estejam, simplesmente, reinventando a velhice.

Notas

Este texto foi publicado em 2011, sob o título "Chega de saudade", na *Revista FACED*, da Universidade Federal da Bahia (UFBA), v. 19.

1. O dançarino de aluguel, disputado por várias frequentadoras, é agenciado por uma mulher que, ao final do baile, divide com ele os rendimentos da noite. A cena remete a uma prática comum em alguns salões brasileiros, característica dos chamados "baile-ficha", conforme relata Andréa Moraes Alves em *A dama e o cavalheiro*.

Chapéu, coldre, colete

No tempo das diligências
DIREÇÃO: John Ford | Estados Unidos, 1939

Os imperdoáveis
DIREÇÃO: Clint Eastwood | Estados Unidos, 1992

O segredo de Brokeback Mountain
DIREÇÃO: Ang Lee | Estados Unidos, 2005

Não foram muitos os filmes de faroeste a que assisti. Pradarias ou desertos sem fim e a silhueta de um cavaleiro ao longe anunciavam uma história que, a princípio, não me seduzia. Achava que eram filmes produzidos, protagonizados e dirigidos por e para homens. Sei que muitas mulheres apreciam o gênero e que minha má vontade tinha a ver com as simplificações e os estereótipos de que se nutrem os preconceitos. De qualquer modo, seja como for, não dá para negar que, tradicionalmente, os *westerns* se dirigiam a plateias masculinas.

Provavelmente muitos dirão que hoje já não se fazem mais *westerns* como antigamente e, também, que as masculinidades contemporâneas não têm mais, necessária ou prioritariamente, as marcas do faroeste. Tudo isso pode ser verdade, mas estou convencida de que esses filmes exibiram e fizeram circular representações de masculinidade muito influentes, duradouras, recorrentes. Alguns de seus vestígios ou rastros ainda devem andar por aí.

Sua história é antiga. Conforme Fernando Vugman, os primeiros filmes de caubói (ou de "mocinho", como se costumava dizer por aqui) apareceram na virada do século XIX para o século XX. Ele conta que

> essa figura, que Hollywood imortalizaria como um herói vestindo chapéu de abas largas, um colete folgado, um lenço no pescoço e um revólver alojado num coldre de couro displicentemente afivelado à cintura, teve seu berço em um curto período da história dos Estados Unidos. Afinal as guerras contra os índios se concentraram entre 1860 e 1890. [...] Lançando mão da liberdade criativa que a ficção permite e da condensação histórica em que se fundam os mitos, o cinema hollywoodiano criou um momento histórico impreciso e uma geografia imaginária, onde figuras míticas vivem em busca do equilíbrio em um universo violento.

Os faroestes foram mudando no decorrer do tempo. O embate nem sempre se deu contra os índios; os mocinhos não foram para sempre honestos e honrados, nem mesmo se mostraram eternamente solitários; as mocinhas aos poucos deixaram de ser frágeis e desprotegidas, algumas vezes foram ousadas, sensuais e até pegaram em armas; o final não significou, sempre, a justiça e a redenção. Por certo, há notáveis diferenças entre filmes reconhecidos e premiados como, por exemplo, *No tempo das diligências* (*Stagecoach*), de 1939, *Os imperdoáveis* (*Unforgiven*), de 1992, ou *O segredo de Brokeback Mountain* (*Brokeback Mountain*), de

2005. Mas algo deve ter permanecido, algo que permite reconhecer o gênero.

Não tenho qualquer pretensão a buscar uma suposta essência desses filmes, nem mesmo a ensaiar um panorama de sua história; penso apenas que eles podem ser interessantes para "espreitar" masculinidades ou, pelo menos, para notar algumas de suas referências recorrentes. Estou convencida de que os faroestes exerceram poderosas pedagogias de gênero.[1]

Embora tenham sido muitos os caubóis famosos, quando se fala desse tema imediatamente vem à lembrança a imagem de John Wayne. A figura grande e maciça, o jeito de andar, o olhar firme, usualmente duro e sério, poucos risos e palavras, o modo contido ou desajeitado de demonstrar afeto, a força física e a ausência do medo foram algumas de suas marcas. Características que sinalizavam virilidade e que foram, muitas vezes, expandidas para uma representação da nacionalidade norte-americana. John Wayne, o mocinho metido a justiceiro e bravo, foi usado, também, como símbolo ou como metáfora de um país.

Em *No tempo das diligências*, de 1939,[2] ele é o herói, Ringo Kid, uma espécie de fora da lei "do bem" (quer dizer, um sujeito decente, injustamente condenado, que busca os assassinos de seu pai e irmão). A história concentra-se numa viagem de diligência entre povoados isolados e entrepostos empoeirados do oeste americano na qual se juntam um punhado de tipos humanos. Um possível ataque de índios ameaça o trajeto, os ocupantes da diligência lutam e resistem ao limite, e, afinal, quando sua munição acaba, ouve-se o tradicional toque que anuncia a cavalaria chegando para terminar com os índios remanescentes.

O filme dirigido por John Ford tornou-se um clássico. O recurso de juntar num único e reduzido espaço (a diligência) um conjunto de personagens muito distintos pareceu especialmente interessante. Entre os homens, estão: um médico alcoólatra; um tímido vendedor de uísque; um banqueiro supostamente respeitável que, na verdade, carrega o dinheiro do banco; um jogador presunçoso e esquivo; o condutor da diligência; o xerife que deve levar Ringo Kid para a prisão; e o próprio Ringo Kid, que pega a diligência quando a viagem já está em curso. Além deles, duas mulheres compartilham a exígua carruagem: a esposa de um militar que pretende encontrar seu marido no próximo entreposto e uma mulher de má fama que havia sido "convidada" a deixar a cidade. Um inusitado grupo que provavelmente não poderia se reunir em outra circunstância senão aquela. As peripécias e dificuldades da viagem vão desde o encontro do entreposto abandonado (privando os viajantes da suposta proteção militar) até o parto inesperado da mulher do capitão e, é claro, o anunciado ataque dos índios. Nessas e em outras situações desenham-se as características dos personagens. Dicotomias típicas dos filmes de faroeste (mocinhos e bandidos, bravos e covardes, o bem contra o mal) se expressam também no interior do grupo de viajantes. De um lado, integridade, altruísmo e coragem – qualidades demonstradas especialmente pelo herói; do outro lado, desonestidade, egoísmo e falta de compaixão – marcas notáveis do banqueiro corrupto. O contraponto entre a mulher respeitável e a prostituta, recorrente nos faroestes, aparece aqui realçado pela convivência forçada e é posto em xeque na situação extrema do parto.

Nessa cena, particularmente expressiva das marcações sociais e de gênero, Dallas, a prostituta de bom coração, ajuda o médico (recuperado da bebedeira à força) a realizar o parto da esposa do militar. Uma tênue e constrangida ligação entre as mulheres sugere que suas enormes diferenças sociais poderiam ser momentaneamente esquecidas (o final do filme mostrará que essa ligação só poderia ser, efetivamente, circunstancial). Os homens, com exceção do médico, veem-se todos apartados do evento. Alguns se juntam numa espécie de grupo expectante, ansioso e de certo modo solidário, enquanto o banqueiro extravasa irritação e inconformidade por mais esse atraso na viagem. Certo tom de epifania parece marcar a apresentação do bebê. Dallas carrega a criança e anuncia que é uma menina. Mulher e criança se constituem, nesse momento, como uma figura única, cercada por respeito e admiração. A maternidade é representada como um mistério ao qual os homens não têm acesso. Nesse momento, a câmera se aproxima dos rostos de Ringo Kid e de Dallas e mostra a crescente empatia do par. Os dois marginalizados da sociedade estabelecida e respeitável são atraídos um pelo outro.

Na sequência, o bom caráter do mocinho fica ainda mais acentuado. Ao perceber sinais do iminente ataque dos índios, Ringo abandona o projeto de escapar do xerife e se coloca junto ao grupo para resistir e combater. Aproxima-se a cena do confronto (civilizados *versus* selvagens). Em *close*, a câmera exibe os rostos duros, rudes e impenetráveis dos índios que, do alto de um monte, tudo observam. Em seguida, a imensidão descampada do Monument Valley é mostrada em toda sua plenitude. A diligência, com seu punhado de viajantes, parece muito pequena nesse cenário grandioso. Em acelerada corrida, a carruagem atravessa o vale enquanto a trilha sonora acentua a dramaticidade do momento. Tudo conduz a plateia a torcer pelos bravos brancos. A incrível desvantagem do pequeno grupo diante do enorme contingente de índios só reforça a impressão de que os viajantes são, de fato, destemidos (e de que sua pontaria é espetacular!). O mocinho se excede em ousadia e habilidade. Na tela e na plateia, os rostos dos homens sugerem excitação e gozo pela luta. A agitação dos espectadores em suas poltronas parece emular a movimentação dos guerreiros. A chegada da cavalaria para selar a derrota dos índios traz uma sensação de catarse, e todos suspiram aliviados.

Na última cena, o xerife deixa Ringo Kid partir junto com Dallas, desistindo de prendê-lo. O gesto parece surpreender o mocinho, mas talvez possa ser justificado pela parceria que os dois homens estabeleceram ao longo da viagem e da luta. Cumplicidade, solidariedade e camaradagem se constituem como formas legítimas de expressar laços afetivos entre homens viris. E, se nesse filme essa ligação fica mais evidente no momento da despedida, em outros ela pode ser um dos pontos de sustentação da trama.

Em *Os imperdoáveis,* filme dirigido e protagonizado por Clint Eastwood (outro caubói famoso), a amizade entre William Munny (o próprio Clint) e Ned Logan (Morgan Freeman) é imprescindível para o desenvolvimento da história. Considerado um *cult,* o filme revigorou e, ao mesmo tempo, redefiniu elementos do *western* clássico, tornando-se, segundo alguns, uma espécie de "antifaroeste". Os mocinhos envelheceram: Munny, um ex-pistoleiro beberrão reabilitado pela mulher, é agora um fazendeiro viúvo que vive num rancho isolado lutando para sobreviver honestamente com seus dois filhos; Ned, o amigo de longo tempo, mora com a mulher num rancho igualmente pobre e afastado. O passado de ambos – violento, pleno de aventuras, crimes e audácia – parece se constituir apenas numa lembrança remota. A lealdade entre os velhos parceiros é, no entanto, inabalável. Em nome da amizade, Ned se junta a Munny para dar fim a dois homens que desfiguraram o rosto de uma prostituta. Em nome da amizade, um arrisca a vida pelo outro. Lealdade ao amigo (ou aos amigos) parece um traço importante na construção de um homem "de verdade".

Mas nessa história os personagens são figuras mais complexas e ambíguas do que em outros faroestes. Embora seja o herói, Munny está longe de ser um "bom moço". O passado sanguinário, que lhe garante reputação e fama, representa um fardo que ele carrega com culpa e remorso. A empreitada de matar os agressores da prostituta é aceita pela recompensa oferecida pelas mulheres do *saloon*. O dinheiro serviria para dar uma vida melhor aos filhos, justifica Munny, e Ned o acompanha. Portanto, à primeira vista, ambos pouco se diferenciariam de matadores de aluguel. No entanto, logo a seguir, ao tomarem conhecimento da brutalidade praticada pelos homens que devem caçar, sua motivação parece ganhar outros contornos. A violência contra a mulher – inaceitável para os velhos mocinhos – passa a justificar a perseguição e a morte dos bandidos. A balança moral está restabelecida: eles estão do lado do bem contra o mal.

A masculinidade dura, a habilidade e a força que, tradicionalmente, agregam *glamour* e admiração aos caubóis não se mostram aqui ou, pelo menos, não se mostram da mesma forma. A beleza dos corpos masculinos costuma ser associada a músculos, ação, movimento, agilidade, e os corpos desses homens já não exibem tais qualidades. Numa das cenas iniciais, Munny aparece coberto de lama, misturado aos porcos de seu pequeno sítio, sujo e quase irreconhecível. Homem e porcos se confundem. Nada menos glamoroso ou atraente. Pouco depois, quando empunha a arma após anos de desuso e experimenta sua pontaria, erra sucessivamente os tiros; suas tentativas de montar seu cavalo são, do mesmo modo, desastradas, quase ridículas. Quanto a Ned, também ele mantém seu rifle sem uso pendurado na parede como que expondo um passado esquecido, e é com algum custo que concorda em retomar a arma e partir com o amigo. Os dois homens não têm mais o vigor e a destreza de outros tempos; contudo, à medida que se empenham na missão justiceira, mostram-se cada vez mais obstinados e capazes de superação. Paradoxalmente, as fraquezas que exibem, antes de provocar desprezo nos espectadores, parecem humanizar seus personagens. Talvez estejam a sugerir que homens "de verdade" (como costumam ser os caubóis) também envelhecem ou podem, eventualmente, falhar. O que permanece é a determinação de cumprir uma missão: fazer justiça, vingar uma mulher atacada e reagir com violência à violência.

 O filme conserva o papel da mulher redentora que salva e regenera o homem. Munny afirma, em vários momentos, que Claudia o tirou do vício e o afastou das armas, e, quando alguém fala de suas façanhas sangrentas, replica: "Eu não sou mais assim". Do mesmo modo, Ned questiona a empreitada que estão assumindo, dizendo ao amigo: "Se Claudia estivesse viva você não estaria fazendo isso".

O tradicional contraponto entre a boa esposa e a prostituta se faz, nessa história, entre a lembrança da mulher morta, com sua força regeneradora, e as mulheres do *saloon* determinadas a vingar a companheira agredida. Essas não são, contudo, mulheres passivas e frágeis. Inconformadas com a pena leve imposta pelo xerife aos bandidos, elas assumem a decisão de puni-los com a morte, reúnem suas economias e estabelecem o prêmio de mil dólares. Na ótica feminina, o motivo da agressão fora banal: uma risada que a garota havia dado ao ver o pequeno tamanho do pênis do cliente. Na ótica do homem, o riso é inaceitável e lhe assegura o direito de dar uma lição exemplar à jovem debochada. Esfaquear o rosto da prostituta representa torná-la inútil para os serviços do sexo. Quem iria querer uma mulher desfigurada? É esse o argumento do dono do *saloon* para reivindicar – para ele – uma indenização pela perda que a mulher representa para o estabelecimento. Xerife, bandidos e dono do *saloon* parecem compartilhar da lógica que justifica a revolta e a agressão do homem ofendido e vê como prejudicado aquele que lucrava, efetivamente, com o trabalho das mulheres. Para esses homens, elas pouco contam precisamente por serem mulheres e, além do mais, por serem "mulheres perdidas". Na cultura do faroeste, a supremacia masculina é incontestável. Os mocinhos não negam tal supremacia, mas talvez a exercitem de outro modo. Munny e Ned (tal como Ringo Kid, em *No tempo das diligências*) colocam-se acima do preconceito contra as mulheres do *saloon* porque entendem que é dever inconteste do homem defender *a* mulher (qualquer mulher). De um modo ou de outro, por desprezo ou por proteção, a ordem e a hierarquia dos gêneros permanecem inalteradas.

Como em tantos filmes de faroeste, aqui os diálogos verbais são "econômicos". A ação é mais importante do que a fala. Os corpos, gestos e atitudes desses homens instituem uma linguagem compreendida por seus interlocutores. Mocinhos (e bandidos) expressam seus propósitos e sentimentos laconicamente. Falastrões são, geralmente, sujeitos pouco confiáveis, talvez até mesmo pouco viris. Homens de verdade costumam se entender sem muitas palavras. Entre eles, a troca de confidências é pouco comum (e, quando acontece, é geralmente precedida ou acompanhada por uma bebida forte). Tudo pode se complicar, no entanto, quando as mulheres entram em cena. Como um homem pode demonstrar sentimento e afeto sem ser piegas? Se a equação razão/emoção é combinada, culturalmente, à masculinidade/feminilidade, eles devem ser, preferencialmente, silenciosos e reservados ao expressar amor ou afeição. Não podem correr o risco de se mostrar sensíveis ou "afeminados". A elas fica reservada a possibilidade (ou a obrigatoriedade) de extravasar emoção e, adicionalmente, a tarefa de interpretar os sinais e códigos da cifrada mensagem de afeto masculina (quando esta eventualmente ocorrer).

Outras dicotomias, tais como atividade/passividade, força/fragilidade, destemor/medo, que, tradicionalmente, costumam ser emparelhadas a masculino/feminino, apresentam algumas nuances nesse filme. A ambiguidade e a complexidade de personagens e situações levam a pensar que, embora ambientado nos anos 1880, *Os imperdoáveis* (produzido em 1992) carrega marcas dos movimentos sociais que, por essa época, colocavam em xeque noções consagradas de gênero, sexualidade e raça. Não se repete aqui o contraponto entre brancos civilizados e índios selvagens, mas o confronto acontece entre homens bons (a dupla de velhos mocinhos, um branco e um negro) e homens maus (entre eles o xerife tirano). O desfecho do filme não acompanha, também, aqueles dos tradicionais faroestes: não traz a união do mocinho com a mocinha nem mostra o herói cavalgando ao longe após ter estabelecido a ordem e a justiça. Em vez disso, é um Munny sombrio e sofrido que deixa sozinho a cidade. Depois de ter vingado a morte de Ned e matado seus oponentes, ele ameaça os que ficam e some no meio da noite chuvosa. Um texto final conta aos espectadores que ele foi viver com os filhos em São Francisco e lá se estabeleceu como comerciante. Não há projeção de novas aventuras, façanhas e heroísmo. O final sugere uma espécie de domesticação do velho caubói.

Sem pradarias nem desertos ensolarados, essa história (ainda que sombria) acontece, de qualquer modo, nos espaços abertos, amplos e ilimitados próprios dos homens. São eles os protagonistas dos faroestes. Heróis ou vilões, são eles os condutores das tramas. Seus corpos, seus prazeres, seus códigos, sua linguagem instituem pedagogias de masculinidade.

Nesse universo masculino, a heterossexualidade parece indiscutível, praticamente naturalizada. Parceiros podem até arriscar a vida um pelo outro, mas os faroestes costumam sugerir que nesse gesto nada há além de lealdade e coragem. Em 2005, *O segredo de Brokeback Mountain*, de Ang Lee, perturba esse cenário.

Alguns insistem que o filme não passa de um melodrama, mas não dá para negar que ele está carregado de marcas do faroeste – pastagens e montanhas, gado, cavalos e homens, tendas, fogueiras, solidão e camaradagem. Os tempos são outros (a história se passa entre 1963 e 1981), não há índios, nem bandidos, nem *saloon*. Mas há rodeios, rifles, brigas e horizontes infindáveis. Dois jovens, Jack (Jake Gyllenhaal) e Ennis (Heath Ledger), são contratados para cuidar de grandes rebanhos de ovelhas numa montanha do Wyoming. Apartados do resto do mundo, veem-se obrigados a conviver e partilham trabalho, comida, frio, dificuldades. O convívio e o isolamento ajudam a construir entre eles uma amizade e, para além disso, um grande amor.

A aproximação sexual acontece de modo aparentemente inesperado, em meio a uma noite gelada. Os movimentos bruscos e rudes dos corpos que se agarram e se misturam no interior da pequena tenda mais sugerem uma luta do que uma troca amorosa. Ao amanhecer, os dois se separam sem palavras. Ao final desse dia, depois de longo silêncio, um diálogo breve, iniciado a custo por Ennis, pretende encerrar o episódio:

– Isso é uma coisa que só aconteceu uma vez.
– Não é problema de ninguém, a não ser nosso.
– Você sabe que não sou queer.[3]
– Eu também não.

Contrariando o trato verbal, a partir daí ambos se lançam num apaixonado relacionamento amoroso e sexual que se estende por quase vinte anos. A separação forçada ao final do contrato de trabalho leva cada um a seguir sua vida, a se casar, a ter filhos. A intensidade do afeto, no entanto, resiste a tudo, e os dois voltam a se encontrar, repetidamente, de tempos em tempos, nas montanhas. Sobre eles pesa o segredo. A possibilidade da revelação parece trágica, especialmente para Ennis. Ele sabe que não pode ir viver para sempre com o amigo num rancho, tal como sonha Jack. Seu pai lhe dera uma dura lição quando ele era criança, ao mostrar o corpo mutilado de um homem que tinha sido arrastado pelo pênis e havia sangrado até morrer porque ousara viver com outro homem. Ennis acredita que o pai tinha sido o responsável por essa morte. Verdade ou não, a lição é inesquecível: "Dois homens morando juntos? De jeito nenhum".

Um homem "de fato" teria de desprezar esse tipo de gente. A construção da masculinidade parece implicar a aprendizagem da homofobia. Ora, Ennis e Jack se reconhecem como homens; seus corpos, suas vidas, seu trabalho, sua linguagem são, inequivocamente, masculinos; daí o tormento (especialmente visível em Ennis) de sentir o que sente, daí a tentativa, sempre frustrada, de dar um fim à paixão. "Se essa coisa volta a tomar conta de nós, no lugar errado, na hora errada... nós estamos mortos." Seu temor não é sem fundamento. Mortes físicas ou simbólicas, materiais e sociais podem advir da entrega ao desejo proibido. "Você já teve a sensação", pergunta Ennis, "quando está na cidade e alguém olha para você, com um ar suspeito, como se soubesse? Aí você sai, vai para a calçada, e todos olham para você, como se soubessem também?" A vigilância é constante. A qualquer momento, o segredo pode ser descoberto. Para calar suspeitas ou insinuações, há que usar socos, palavrões, violência – a única resposta cabível num mundo indiscutivelmente viril. Assim, Ennis puxa briga frente à menor provocação ou a um olhar que lhe pareça atravessado, e Jack desafia o perigo com audácia montando touros bravios. Ambos reagem em conformidade com as marcas da masculinidade hegemônica.

São hábeis em atrair mulheres e também em fazê-las sofrer. Expressam seus sentimentos mais por gestos do que por palavras, como seria de se esperar. É verdade que Jack é mais expansivo, enquanto Ennis é extremamente calado e, quando fala, seus resmungos são quase incompreensíveis. Seu silêncio é tão notável que, numa noite, quando entre eles ainda não há senão o início de uma camaradagem, Ennis surpreende o amigo com confidências sobre seu pai e seus irmãos. Jack sorri e comenta: "Cara, você falou mais agora do que nas duas últimas semanas". Ao que Ennis replica: "Diabo, falei mais agora do que falo num ano".

Os dias roubados de suas vidas comuns e "normais" não são apenas feitos de prazer, mas, contraditoriamente, são também marcados pela frustração. As despedidas são inevitáveis. A permanência, impossível. Para eles, não pode haver *happy end*.

Num dia qualquer, uma carta devolvida pelo correio informa, impessoal e cruamente: "destinatário falecido". Jack está morto. Ennis precisa lidar com sua perda. Busca os fios da outra vida de Jack. A narrativa reticente e obscura da mulher e o encontro com os pais do amigo reafirmam o indizível. O amor dos dois homens teria de ficar para sempre no segredo e no silêncio. As cinzas de Jack não seriam, afinal, espalhadas na montanha, tal como ele desejara. "Brokeback? Talvez seja um lugar imaginário, um lugar onde os pássaros cantam e tem um rio de uísque", diz a mulher. "Não, senhora. Eu cuidei de ovelhas em Brokeback durante um verão em 63", contesta Ennis. Distante, a mulher conclui: "Bem, ele disse que era o local favorito dele. Acho que se referia a se embebedar. Ele bebia muito".

O rosto marcado, o choro contido permitem adivinhar a imensa dor de Ennis. E isso é tudo. Para além disso, apenas se escuta o cantar rouco de Willie Nelson, que, ao final do filme, repete, como se fosse um mantra, *"He was a friend of mine"*.

Notas

Este texto foi publicado em 2013, sob o título "Destemidos, bravos e solitários", na revista *Bagoas – Estudos Gays: Gêneros e Sexualidades*, da Universidade Federal do Rio Grande do Norte (UFRN), v. 7.

1. Pode-se dizer que as mais diversas instâncias da cultura (o cinema, a televisão, a mídia, a internet, entre outras) exercem pedagogias, ou seja, participam na construção dos sujeitos (como sujeitos de um dado gênero e sexualidade, de uma determinada raça/etnia, nacionalidade...). Desenvolvi mais amplamente esse argumento, particularmente em relação às pedagogias de gênero e sexualidade exercidas pelo cinema, em "O cinema como pedagogia", capítulo que integra o livro *500 anos de educação no Brasil*, publicado pela Autêntica, em 2000; e ainda no artigo "Cinema & sexualidade", publicado na revista *Educação & Realidade*, editada pela Faced/UFRGS, em 2008.
2. O filme teve um *remake* em 1966, com Alex Cord no papel de Ringo Kid, o personagem antes interpretado por Wayne.
3. "Queer", palavra que pode ser traduzida como "estranho" ou "ridículo", é uma expressão da língua inglesa usada de forma pejorativa para designar todos os sujeitos não heterossexuais. É nesse sentido que Ennis a utiliza neste diálogo, buscando afirmar que ele não é gay. Por volta dos anos 1990, o termo "queer" teve seu significado ampliado e passou a ser usado, também, no âmbito teórico e político para indicar uma posição ou disposição de contestação e de não conformidade em relação a normas, processos de normalização ou cânones de qualquer ordem.

Música distante

Os mortos
AUTOR: James Joyce | Belo Horizonte: Autêntica, 2016
TRADUÇÃO: Tomaz Tadeu

Os vivos e os mortos
DIREÇÃO: John Huston | Reino Unido, Irlanda, Estados Unidos, 1987

É para a festa anual das senhoritas Morkan, numa Dublin coberta de neve, na fria Noite de Reis, que James Joyce nos carrega em seu conto "Os mortos". Somos levados, imediatamente, ao interior da acolhedora casa das irmãs Kate e Julia, que, junto com a sobrinha Mary Jane, se empenham em tornar perfeita a reunião. Compareçem ao encontro parentes e amigos da família, gente ligada às velhas senhoras, membros do coral e até alguns alunos de Mary Jane. Há alvoroço e ansiedade. Lily, a filha do zelador, se desdobra para atender a todos que chegam, guardando casacos e galochas, avisando as patroas, correndo até a cozinha e até a sala.

Estamos nos primeiros anos do século XX. Os convidados são corteses, os jovens ouvem ou fingem ouvir a melodia tocada ao piano, os pares se formam e se cruzam conforme a tradição da quadrilha, a refeição é servida com generosidade, brindes e discursos saúdam a hospitalidade das anfitriãs.

Não há, aparentemente, nenhum acontecimento extraordinário que perturbe a narrativa, nenhum fato que nos sobressalte e nos faça suspeitar de algum desastre iminente. O conto se sustenta – e nos sustenta – precisamente pela fina descrição dos personagens, por suas falas e silêncios, seus gestos e desejos, seus encontros e desencontros, por tudo o que permitem expressar e o que pretendem dissimular. Mas a aparente tranquilidade da festa não significa, absolutamente, ausência de paixões, disputas, vaidade, sofrimento.

O conto, publicado em 1914 como parte do livro *Dublinenses*, é reconhecido como uma das mais notáveis peças da literatura moderna. Talvez por isso foi, por muito tempo, considerado impossível de ser filmado. Em 1987, no entanto, John Huston, ao final da vida, decide transportá-lo para o cinema. Esse acaba por se tornar seu último filme.[1] Exemplares de duas artes diferentes, um livro e um filme são difíceis de comparar. As provocações ou convocações que cada um faz podem, eventualmente, ser distintas. De qualquer modo, trata-se, nesse caso, da melhor literatura e do melhor cinema.

No conto, a chegada de Gabriel, ansiosamente aguardada pelas velhas tias, move a narrativa. Acompanhamos, ao lado do personagem, a trama da festa. Sobre ele se depositam preocupações e expectativas. Gabriel precisa dar um jeito em Freddy Malins, um convidado que, muito provavelmente, vai abusar da bebida; deve assumir a cabeceira da mesa para trinchar a carne com sua reconhecida habilidade; e está incumbido, é claro, de fazer o discurso ao final da refeição.

Fazendo as vezes do "homem da casa", Gabriel circula com aparente desenvoltura por todos os espaços, embora, internamente, experimente momentos de insegurança e desconcerto. Gabriel tem dúvidas. Talvez tenha sido desajeitado ao dar uma gorjeta a Lily quando a garota guardou seu casaco; talvez o discurso que preparou esteja um pouco "acima da capacidade da audiência"; talvez devesse ter sido mais ágil nas respostas a Molly Ivors, sua colega da universidade, quando ela o desafiou a respeito da Irlanda, da arte e da política.

Joyce tece uma delicada rede entre os personagens. Gabriel é a referência. Ele parece se construir como a figura masculina exemplar que se desenha não apenas na relação com as personagens femininas, mas também no contraponto com os outros personagens masculinos. Seu caráter de jovem intelectual se expressa "no rosto imberbe [no qual] cintilavam inquietamente as lentes polidas e os brilhantes aros dourados dos óculos que resguardavam seus delicados e inquietos olhos". Freddy Malins, que "tinha a altura e o corpo de Gabriel", é apresentado quase como o seu avesso: "tinha traços vulgares, nariz achatado, testa convexa e cabelos rareando, lábios túmidos e saltados. As pálpebras espessas e a desordem do cabelo ralo davam-lhe um ar de sonolência". Em Gabriel, encontramos a representação do homem educado, letrado, cordial, especialmente atencioso com as mulheres. Seu oposto é quase o estereótipo do irlandês beberrão, desalinhado nas roupas, inadequado nas falas e nos gestos.

Aos poucos nos tornamos cientes da inquietude e do desassossego de Gabriel e percebemos que ele busca demonstrar para todos (e para si mesmo) uma superioridade apoiada em sua formação intelectual, sua classe, seu gênero. Essa supremacia parece, no entanto, frágil, particularmente quando confrontada por aquelas que deveriam permanecer silenciosas e discretas: as mulheres que o cercam.

No filme, a tensão dos encontros talvez seja menos visível. Embora seguindo com grande fidelidade os movimentos e os diálogos do conto, Huston, antes de nos levar para o interior da casa e dos personagens, situa a história que vai narrar. A câmera mostra o exterior, a neve caindo sobre a rua e a casa, os coches dos convidados chegando; a música sugere a Irlanda, e a tela indica a data: 1904. Depois são mostradas a expectativa das velhas senhoras, as andanças de Lily e Mary Jane, a animação dos grupos que entram. Passam-se alguns minutos até que ocorra a chegada de Gabriel e sua mulher. O casal é saudado com alegria pelas tias. A figura da mulher, Gretta (interpretada por Anjelica Huston), ganha mais realce no filme. Impossível deixar de acompanhar seus movimentos pelo salão, enquanto entretém os outros convidados, conversando, dançando. A graça e a discreta sensualidade da personagem não nos escapam.

No filme e no conto, a desenvoltura e os modos altaneiros de Gabriel ficam evidentes. Mas é o texto que nos permite mergulhar, efetivamente, em seu pensamento e conhecer seu desconforto, notável já no encontro com a primeira figura feminina, Lily. Em tom simpático e paternalista, Gabriel pergunta sobre um possível próximo casamento da garota. A resposta inesperada da jovem empregada, afirmando que "os homens de agora é só conversa fiada", o deixa embaraçado. Para recuperar, de algum modo, sua superioridade, Gabriel ajusta seu colete e tira uma moeda do bolso, oferecendo-a a Lily. Ela recusa, ele insiste sob o pretexto do Natal e escapa da situação subindo apressado as escadas. O gesto pode ter servido para reafirmar seu lugar de classe e de gênero, mas ele "ainda estava desconcertado pelo repentino e amargo retruque da garota. Isso o pusera num estado de tristeza, que tentava dissipar ajeitando os punhos da camisa e o laço da gravata".

Mais adiante, um novo confronto, agora com sua colega de universidade Molly Ivors. Ao se arranjarem os pares para a quadrilha, Gabriel se vê diante da amiga, "uma moça falante e dada à franqueza", talvez um pouco distinta das outras mulheres. Sua blusa ostenta, como uma espécie de declaração nacionalista, um broche com símbolo irlandês. Molly assume a iniciativa da conversa, em meio às reviravoltas da dança. Provocativamente anuncia: "tenho uma coisa a tirar a limpo com você", e enreda Gabriel numa discussão, obrigando-o a se justificar por escrever num jornal unionista. A literatura e a política, ou melhor, o quanto uma pode estar acima da outra, estão no centro do embate. Molly é inteligente, difícil de superar. Rápida, ao mesmo tempo que provoca o parceiro, acusando-o de desprezar seu país, também sorri e diz que está brincando. Gabriel custa a encontrar o tom apropriado para rebater. Acaba com uma espécie de travo na boca, frustrado por não ter achado uma boa e definitiva resposta para a desafiante, pois Molly se despede, algum tempo depois, deixando a festa antes da ceia.

Duas mulheres, de posições sociais tão distintas, o haviam surpreendido. Suas réplicas inesperadas destoavam da tradicional aquiescência feminina. Não se esperava (pelo menos ele não esperava) que elas tivessem suas próprias opiniões e, o mais inusitado, que as expressassem sem inibições. Os tempos estavam mudando, as novas gerações pareciam estar esquecidas dos velhos valores ou careciam deles, pensa Gabriel. Ele precisava incluir isso no discurso.

A agitação interna de Gabriel fica sugerida no filme. Seu olhar parece ausente. Às vezes observa Gretta, que é como um ponto de luz e conforto no salão, com seu traje claro e o sorriso constante. Aproveitando o abrigo das cortinas, Gabriel se afasta do burburinho para rever seu discurso. Ele se sente distante dos demais, talvez acima deles todos, mas, ao mesmo tempo, se preocupa com sua opinião, quer fazer boa figura.

As marcas da tradição e do passado que, no conto, ocupam a mente do personagem, no filme se tornam mais visíveis quando a câmera passeia pela casa, esquadrinhando detalhes, casacos, bibelôs, detendo-se nos retratos dos mortos, em livros antigos, num quadro bordado, num rosário depositado sobre uma bíblia.

Depois de muitas conversas e discussões em que se debatem música e religião, passado e presente, chega o momento do esperado discurso. Gabriel, à cabeceira da mesa, reafirma seu lugar de autoridade, exalta as anfitriãs, chamando-as de "as Três Graças do mundo musical de Dublin", destaca sua hospitalidade irlandesa, "uma tradição única entre as nações modernas", e inclui aquilo que gostaria de ter dito a Molly, o receio (ou a advertência?) de que à nova geração "faltarão aquelas qualidades de humanidade, hospitalidade e generosa alegria que pertenceram a uma era remota".

Terminado o jantar, o discurso e os brindes, a festa aos poucos vai se encerrando. Os convidados deixam a casa. No filme, vemos os grupos se despedindo, sugestões de flerte entre os mais jovens, a busca de coches para enfrentar a neve e o frio. Poucas pessoas restam na casa.

Gabriel, abrigado no vestíbulo, observa Gretta, no alto da escada, escorada ao corrimão. Ela parece imobilizada pela música que ecoa da sala. Ele pensa que "havia graça e mistério em sua atitude, como se ela fosse símbolo[2] de alguma coisa", diz o conto. "Perguntou-se de que é símbolo uma mulher parada no escuro de uma escada ouvindo uma música distante. Se fosse pintor, ele a pintaria nessa atitude. [...] *Música distante* é como chamaria o quadro se fosse pintor." A mulher passa, agora, a ocupar todo o pensamento de Gabriel. Ele a observa. Ela o intriga, mobiliza seus sentimentos e também seu desejo. Gabriel tinha visto, quando ela se voltara, "que havia cor no seu rosto e que seus olhos brilhavam. Uma súbita onda de alegria começou a jorrar-lhe do coração".

Despedem-se das donas da casa, acompanhados pelo tenor, que encantara a todos com a última canção. Na rua, Gabriel continua admirando a mulher. Permanecemos ao seu lado e, por isso, sabemos que "ele morria de desejo de persegui-la em silêncio, agarrá-la pelos ombros e dizer-lhe ao ouvido algo tolo e carinhoso". Quando afinal chegam ao hotel, ele busca se livrar rapidamente do porteiro, na ânsia de ficar a sós com Gretta. Memórias dos momentos íntimos que os dois haviam vivido só fazem aumentar seu desejo. Ele espera, contudo, algum sinal da mulher para abraçá-la. Gretta parece cansada, ou ausente. Gabriel hesita e insiste em saber o que ela está pensando. Ela, então, explode em lágrimas e fala da canção ao final da festa. A canção lhe lembrara alguém de muitos anos atrás, um garoto por quem fora apaixonada na adolescência.

Somos capazes de sentir a decepção de Gabriel, porque estivemos com ele todo tempo. Somos capazes de entender sua raiva, que acaba por se revelar vazia quando Gretta conta que o tal rapaz está morto e, o que é pior, talvez tivesse morrido por causa dela. Somos capazes de compreender sua tristeza diante do enorme descompasso entre seus sentimentos e desejos e os sentimentos e desejos da mulher. Gabriel se dá conta de que nunca havia ocupado o lugar que pensara na vida dela. Ele se dá conta também de que nunca havia experimentado um amor tão grande como aquele que ela tinha vivido com o rapaz que morrera. Ele tinha falhado como marido e como homem. A confissão da mulher o arrasta para um mundo de reflexões. Enquanto Gretta dorme, exausta pelas lembranças, Gabriel coloca em questão suas próprias emoções, sua vida, seu modo de ser. Ele vê desmoronar a imagem que construíra para si mesmo.

Toda a carga emotiva que apreendemos no conto precisa, de algum modo, ser transposta para a tela. O rosto de Gabriel (interpretado por Donal McCann) é sugestivo de seus sentimentos, mas é preciso mobilizar outros recursos, próprios do cinema, para expressar toda a intensidade do momento.

Na sequência final, que se inicia com Gretta no alto da escada ouvindo a canção, a câmera se alterna entre Gabriel e ela, detendo-se, demoradamente, no rosto de cada um. Ele observa, com olhos fixos, a mulher. Ela desce um degrau e para, imobilizada pela voz do tenor, baixa os olhos e, depois, estremece quando os abre, como se estivesse voltando à realidade.

A cena seguinte corta esse tom intimista mostrando os animados comentários das tias sobre a audição e o tenor que se despede, lastimando por não estar em sua melhor forma. O filme se volta, agora, para o exterior da casa e passa a exibir a rua coberta pela neve, o coche atravessando a ponte, o parque e a névoa por toda parte. Iluminada pelos lampiões a gás, Dublin parece mágica.

A seguir, a câmera se fecha no interior do coche e somos colocados, outra vez, próximos ao casal. Percebemos o olhar amoroso de Gabriel quando ele beija a mão de Gretta, a conversa ligeira que ele usa para entretê-la e o quanto ela, distraída, sorri vagamente.

No quarto do hotel, continua o contraponto entre os dois personagens. Enquanto ela, já de camisola, tira os brincos e solta os cabelos, preparando-se para dormir, ele a observa, acompanhando cada gesto, antecipando o prazer de juntar-se à mulher na cama. Mas Gabriel percebe que Greta está distante, que responde desatenta aos seus comentários sobre a festa e os convidados. Em que estará pensando?, ele quer saber. Quando, afinal, ela conta, emocionada, que se lembrara de uma pessoa que costumava cantar a canção, Gabriel recua desiludido e abandona os gestos amorosos com que a cercava. Agora Gretta assume o primeiro plano na cena. Ao fundo, próximo do espelho, Gabriel olha atento para a mulher e ouve-a contar do passado. Em tom enciumado, afirma que ela parece ainda estar apaixonada pelo rapaz e indaga o que ele fazia, como ou por que ele morreu. Gretta se lembra do jovem parado na chuva, à noite, no jardim de sua avó, tentando despedir-se dela, que partiria no dia seguinte para estudar em Dublin. Ela tinha implorado para que ele fosse embora e se abrigasse, mas o jovem tinha dito que não queria viver. Chorando, Gretta desaba nos braços do marido; em seguida, desprende-se dele e cai na cama. A câmera volta, então, a se ocupar novamente de Gabriel, que, observando ainda a mulher, diz para si mesmo: "Que triste papel desempenhei na sua vida!".

O filme termina, tal como o conto, no diálogo interno do protagonista. Suas reflexões o levam a rever a festa, o discurso, as tias que – lembra em seguida – em breve estarão mortas. Gabriel pensa que "um a um, iam todos virando sombras e que talvez fosse melhor morrer bravamente em plena glória de alguma paixão, do que se esvair e murchar miseravelmente com a idade". Apoiado à janela, ele observa a neve caindo sobre tudo, cobrindo os vivos e os mortos, enquanto a câmera, do alto, percorre a cidade, os campos e o cemitério.

Toda a narrativa parece ser constituída por dois grandes momentos. O primeiro deles, ainda que revele as preocupações, dúvidas e sentimentos de Gabriel, centra-se na festa e nos encontros ou embates sociais, políticos, religiosos que se dão entre os personagens. Acompanhamos a dinâmica da reunião e seguimos as ações e emoções de outras figuras significativas, como as velhas tias. O segundo momento, mais curto, mas também mais intenso, tem caráter intimista e dirige toda a atenção para o casal. A passagem fica marcada pela cena da escada, quando Gabriel contempla Gretta ouvindo a canção "The Lass of Aughrim".

No conto, a figura de Gretta fica secundarizada ao longo da festa e ganha maior destaque na parte final. Talvez por isso, a "divisão" da narrativa seja mais evidente no texto do que no filme. Há como que uma suspensão do conto e do tempo enquanto Gabriel admira a mulher imóvel no alto da escada e pede silêncio a quem se encontra no vestíbulo. A mulher se torna, a partir daí, o objeto da atenção e do desejo do marido e vai se tornar, também, o gatilho para a decepção e a autorrevelação que o protagonista vive nas últimas páginas.

No filme, Gretta é mais visível todo o tempo e pode ser compreendida como o elemento de ligação entre os dois momentos. Durante a festa, ela circula pela casa e pelo salão, conversa e dança com outros convidados, replica com humor à negativa de Gabriel para uma viagem ao interior da Irlanda. Seus gestos e falas sugerem uma mulher atenta e sagaz. Ela exala jovialidade e beleza, fazendo uma espécie de contraponto não só às velhas senhoras, as tias e a mãe de Freddy, mas também a Mary Jane, que se mostra contida, talvez por viver, em sintonia, numa casa de solteironas. O papel de Gretta cresce mais ainda nos momentos finais, quando a câmera se volta para ela no diálogo com o marido e exibe seu sofrimento pela lembrança do namorado morto.

O espelho que aparece ao fundo da cena evoca a confrontação do protagonista consigo mesmo. A imagem masculina modelar que Gabriel apresentava publicamente começa a ruir. Ele passa a se ver "como uma figura ridícula, bancando o palhaço para as tias, um sentimental nervoso e bem-intencionado, discursando para os rudes e idealizando seus desejos vulgares, o sujeito deplorável e presunçoso que vislumbrara no espelho".

O confronto consigo mesmo lhe traz dor e vergonha. Na comparação com o jovem morto, Gabriel se vê derrotado, impotente. É verdade que ele talvez tivesse apenas seguido o que se esperava dos homens de sua época. Entendia-se, então, que as mulheres deviam ser protegidas.

Isso implicava que elas eram, também, de algum modo, inferiores. A submissão e a obediência feminina eram uma espécie de consequência desse arranjo social. Daí o tom patriarcal e condescendente com que ele as tratava, todas elas. Mas suas certezas e sua segurança tinham sido abaladas por inesperadas respostas, inesperados gestos femininos. Não tinha acontecido apenas com Molly, que, afinal, era, de um modo ou de outro, revolucionária e rebelde, mas também acontecera com Gretta, que, surpreendentemente, revelara ao marido um passado e um amor por ele nunca imaginados. Os acontecimentos da festa, desde o desajeitado momento vivido com Lily até a inusitada confissão da mulher, haviam provocado uma profunda ruptura na imagem que ele sempre pretendera exibir. Sob o abrigo da superioridade e da arrogância, aparecem, finalmente, a fragilidade e a insegurança do homem.

Notas

1. John Huston morreu antes da estreia do filme, que alguns consideram uma "obra-prima em família". Efetivamente participaram dessa produção sua filha, Anjelica Huston, como atriz, e seu filho, Tony Huston, como roteirista responsável pela adaptação do conto de Joyce.
2. Quando contempla Gretta no alto da escada, Gabriel repete um movimento recorrente de atribuir à mulher o caráter de "símbolo" de alguma coisa. Ao longo dos tempos, na arte e também em outros campos, a figura da mulher foi usada, frequentemente, como alegoria ou símbolo: da fertilidade, da pureza, da luxúria, da esperança, da beleza, da paz, da liberdade...

Cuts

Um marido com tetas

Tudo sobre minha mãe
DIREÇÃO: Pedro Almodóvar | Espanha, 1999

Exagerado e exuberante, pleno de drama e de cores fortes, *Tudo sobre minha mãe*, de Pedro Almodóvar, põe em cena um punhado de personagens femininas que se cruzam e se enredam de múltiplas formas. Elas permitem pensar sobre algumas das incontáveis possibilidades de feminilidades contemporâneas.

As cenas iniciais do filme servem para desenhar, com poucos traços, a estreita relação entre Manuela e seu filho Esteban. Uma cumplicidade que se percebe desde os primeiros diálogos e que continua com o prometido presente de aniversário de 17 anos do jovem: a ida conjunta ao teatro para assistir a uma peça estrelada pela famosa atriz Huma Rojo. Na saída do teatro, sob a chuva, o rapaz corre atrás de um autógrafo da atriz, é atropelado e morre. O longo e rasgado grito de dor da mãe atravessa a cena, fechando o que poderia ser visto como uma introdução à intrincada história que vai se seguir.

O drama se faz mais intenso daí em diante. Intenso nas cores e nos sentimentos, no enovelamento entre as personagens e, muito especialmente, na constituição dessas personagens.

O exagero – que é uma marca inegável de Almodóvar – é assumido sem qualquer pudor. Manuela perde, tragicamente, o filho amado e sai em busca do pai, que não sabe da existência do filho e que, já há muito tempo, vive como travesti em Barcelona. Esteban pai é Lola, a travesti promíscua e viciada em drogas. Em Barcelona, Manuela vai encontrar as demais personagens da história. A primeira delas é Agrado, uma amiga de muito tempo, também travesti, que trabalha à noite nas ruas da cidade. Manuela também volta a encontrar Huma e, por uma série de circunstâncias, passa a conviver com a atriz mais de perto, acompanhando o turbulento caso de amor que ela mantém com sua parceira de palco, Nina.

Nessa jornada, a vida de Manuela se cruza, ainda, com a de Rosa, uma jovem freira que ficara grávida de Lola e que, junto com a gravidez, contraíra aids. Manuela acolhe e cuida de Rosa até que esta morre, deixando-lhe o filho que será por ela adotado. Quase ao final do filme, Lola (que, embora ausente, se mantém como uma referência durante todo o tempo) irá, finalmente, aparecer. Manuela pode, então, contar-lhe sobre o filho de ambos e, generosamente, deixar que Lola pegue no colo o bebê recém-nascido de Rosa, o terceiro Esteban dessa história. Em largos traços, esse é o enredo de *Tudo sobre minha mãe*.[1]

As situações roçam o absurdo, o limite. Tudo é tão carregado que chegamos a pensar que não devemos levar a sério o drama, que talvez estejamos diante de uma paródia dos melodramas americanos dos anos 1950. Almodóvar é um diretor original e instigante que expõe e critica com agudez a sociedade em que vive, particularmente a Espanha pós-franquista. Ele é também, declaradamente, um apreciador do chamado "cinemão hollywoodiano". O exagero que marca sua narrativa, bem como a caracterização de seus personagens, seriam sugestivos da paródia, uma das formas recorrentes de crítica na pós-modernidade. Na paródia estão implícitas a aproximação e a incorporação daquilo que se pretende desafiar, e o filme parece realizar esses movimentos: flerta amorosamente com os melodramas clássicos e, ao mesmo tempo, provoca o gênero com seus excessos, com o transbordamento das emoções e as reviravoltas da história.

As cores fortes, sem nuances, o artificialismo e o excesso podem ser vistos como marcas da estética almodovariana, o que permite a alguns críticos e estudiosos atribuir um caráter *camp* à sua obra. Em *Tudo sobre minha mãe* esses traços são evidentes. Se o gosto *camp* tem a ver tanto com o fascínio pelo "andrógino" quanto, paradoxalmente, com a "tendência ao exagero das características sexuais", como diz Susan Sontag,[2] o filme sugere essa tendência.

Apesar de Almodóvar ter afirmado que os homens têm nessa história um papel crucial, praticamente não há personagens masculinos em cena. São as mulheres, melhor dito, são sujeitos femininos que dominam a tela e conduzem a ação. Os homens podem ser uma referência, como sustenta o diretor, mas eles não têm o protagonismo. É entre elas que se fazem as relações amorosas e dramáticas mais intensas.

As personagens que circulam são distintas, seus corpos diferem sob muitos aspectos. Ainda assim, é possível sustentar que estamos diante de um punhado de sujeitos femininos. Há uma multiplicidade de feminilidades em tela.

Como afirma Judith Butler, o gênero não é algo que se possui, mas algo que se faz. O gênero também não é feito de um golpe só, não é feito num só ato, diz a filósofa, mas resulta de uma "sequência de atos" que, por serem muitas e muitas vezes repetidos, acabam por "produzir a aparência de uma substância, a aparência de uma maneira natural de ser". O feminino ou a feminilidade (bem como a masculinidade) se fazem, portanto, através da repetição de atos, gestos, modos; através da "estilização dos corpos".

A noção parece instigante e sugestiva para analisar as personagens dessa trama. Sabemos que todo corpo é marcado pelo gênero, antes mesmo do nascimento. Costuma-se nomear os corpos que estão por vir como macho ou como fêmea. Fala-se, antecipadamente, do sexo de quem vai nascer. O bebê é, em seguida, interpelado como um sujeito masculino ou feminino. Sexo e gênero começam a se fazer, pois, desde essa cena inaugural e são apresentados como estreitamente unidos, um é tido como consequência do outro. Essas "verdades" do corpo se repetem tantas vezes que acabam por parecer naturais e até mesmo imutáveis. Mas isso será tudo o que faz um corpo?

Se aceitamos que o gênero não é natural, mas sim construído, estamos dando um passo para desfazer a conexão estreita entre sexo e gênero, e podemos começar a pensar que não há uma relação única e necessária entre o corpo de alguém e o seu gênero. Assim podemos admitir que alguém é um sujeito feminino ainda que seu corpo não exiba traços geralmente considerados femininos. É o que sugerem Agrado e Lola, constituídas como sujeitos femininos embora carreguem em seus corpos as marcas do macho, pois ambas têm pênis. Como argumenta Sara

Salih no livro em que examina a obra de Judith Butler, somos levados a reconhecer que é possível ser uma "fêmea masculina" ou um "macho feminino".

Nada parece mais expressivo dessa produção do que a cena em que Agrado assume o palco para justificar a ausência das atrizes, Huma e Nina, e resolve entreter a plateia contando a história de sua vida. Diz ela:

> Chamam-me Agrado porque, a vida inteira, só pretendi tornar a vida dos outros agradável. Além de agradável sou muito autêntica. Olhem este corpo. Tudo feito sob medida. Olhos amendoados: 80 mil. Nariz: 20 mil [...] Peitos (dois, porque não sou nenhum monstro): 70 mil cada um... Silicone em... lábios, testa, maçãs do rosto, quadris e bunda. O litro custa 100 mil, então façam as contas porque eu já perdi. Redução de mandíbula: 75 mil. Depilação definitiva a *laser* (porque as mulheres também vêm dos macacos; tanto ou mais do que os homens): 60 mil por sessão [...] Bom, o que eu estava dizendo... Sai muito caro ser autêntica. E nessas coisas não se deve ser avarenta, porque nós nos tornamos mais autênticas quanto mais nos parecemos com o que sonhamos que somos.

Agrado expõe, de modo muito concreto, os investimentos necessários para se construir como um sujeito feminino. Muitos outros investimentos (que não podem ser convertidos em moeda) foram, certamente, empreendidos por ela. Sua feminilidade (como qualquer feminilidade) implica um processo, longo e continuado, é feita com artefatos, códigos, modos, modas e tecnologias disponíveis. Sua feminilidade (como qualquer feminilidade) é um produto da cultura. Agrado se orgulha, assim, de ter "se construído" e de ter se construído "autenticamente", de acordo com seu sonho.

Seu nome, diz ainda, se deve ao fato de sempre desejar ser agradável aos outros, e, assim, ela personifica (mais uma vez ao exagero) um dos traços ditos femininos (ou melhor, o feminino tal como é representado, idealmente, pelo olhar masculino). Sua figura delicada e acolhedora permanece, no entanto, com o pênis, e, curiosamente, fascina e atrai homens e mulheres. Essa não seria uma vantagem de Agrado? Saber mais sobre o que os homens querem numa mulher? Ela encanta e seduz quem a rodeia. Ela se diz "uma travesti autêntica", contrapondo-se às *drag queens*, que, na sua opinião, são "uns espantalhos, que confundem travestismo com circo e que estão infestando Barcelona". Agrado não quer provocar riso ou incomodar, ela quer, simplesmente, agradar.

Na figura de Manuela, a personagem que liga todas as demais e conduz a trama, se observa a mais paradigmática marca do feminino: a maternidade. Manuela é a mãe por excelência. A mãe biológica e afetiva do jovem Esteban, a mãe substituta e afetiva de Rosa e também de seu pequeno bebê. A mulher tradicionalmente definida pela maternidade encontra na personagem a mais completa encarnação. Cuidadora e zelosa, ela é capaz de abdicar de si para proteger o outro: o filho natural, a filha emprestada, o filho adotado. Ela também estende a Huma e a Agrado sua atenção, seu afeto e seus cuidados. Manoela é generosa, como "devem ser" as mães; e forte, como "devem ser" as mulheres. Na personagem, Almodóvar coloca o feminino da tradição, a mulher/mãe, aquela que se doa aos outros, que é forte, que suporta dores e sacrifícios.

Mas há mais feminilidades em cena. Para quem anseia por classificações, tudo se complica. O diretor embaralha as peças, coloca desafios, talvez impasses. Lola, a bela travesti, diz, encantada, quando finalmente pode pegar nos braços o pequeno Esteban: "Você está com o papai". "Posso dar-lhe um beijo?", pergunta a Manuela, que imediatamente lhe responde: "Claro, mulher!".

Nessa trama, há personagens heterossexuais e homossexuais, há travestis e *drags* e ninguém parece se ajustar quietamente aos rótulos. Manuela, heterossexual, permanece casada com "o marido com tetas" e dele engravida, partindo, depois, para criar sozinha o filho. Rosa, a freira supostamente casta, fica grávida de Lola. Agrado, a incrível Agrado, ao mesmo tempo que se cerca de cuidados para manter uma boa aparência feminina (com depilações, cremes e cirurgias), tem orgulho de seu pênis, assinalando ao descrever sua história: "não sou nenhum monstro". E, por fim, Huma, a encarnação da mulher fatal e fatalista, que, como diva dramática, provocou excitação e paixão nos espectadores homens, sofre o diabo para garantir o amor de outra mulher. A sexualidade de todos esses sujeitos femininos é plural e deslizante. O confronto entre as personagens[3] – entre suas distintas experiências de vida, sexualidade, condição social, geração e trabalho – é um dos elementos responsáveis pela rica tessitura da história.

O olhar que Almodóvar nos sugere é, no entanto, um olhar sem preconceitos. Ele não julga seus personagens e não nos convida a julgá-los. Ele nos convida a mergulhar, desprovidos de qualquer código moral exterior, nas reviravoltas do enredo. Ele nos faz cúmplices de seus personagens e joga com nossas emoções, mas não atribui culpa a ninguém. Ninguém é inteiramente bom ou inteiramente mau. Ainda que alguém, num momento qualquer, se refira a Lola como uma "epidemia" ou um "acidente", tomá-la como a origem da fatalidade é questionável. Ela nos comove quando se comove com a morte do filho que nunca conheceu e com a possibilidade de pegar nos braços o outro filho recém-nascido. Ela provoca simpatia e piedade com seu sorriso doce, seu rosto delicado e triste. Não, Lola não se enquadra na figura da vilã tradicional. Nem mesmo a mãe de Rosa pode ser indiscutivelmente colocada nesse lugar. Há, nela, alguma ternura pela filha, ainda que envergonhada ou contida. Acabamos, então, perdoando, através da voz de Manuela, seus preconceitos burgueses e sua amargura.

Almodóvar não propõe uma moral ao final de sua história. Ele provoca os clássicos, perturba polaridades, embaralha o belo e o feio, o bom e o mau. Suas complexas e múltiplas personagens implodem qualquer noção singular de feminino.[4]

Notas

1. O título do filme, *Tudo sobre minha mãe,* parece ter duas referências. A primeira, mais evidente, consiste num famoso filme hollywoodiano de 1950, *All About Eve* (literalmente *Tudo sobre Eva*, que, no Brasil, recebeu o título de *A malvada*, estrelado por Bette Davis). O filme e a atriz são citados várias vezes ao longo da história. Vale notar que o recurso à citação (que ocorre não apenas em relação à película americana, mas também à peça *Um bonde chamado desejo*, encenada por Huma no teatro) é uma das características da obra de Almodóvar, o que concorre para que vários comentaristas percebam ou classifiquem esse filme como pós-moderno, uma vez que a citação e também a paródia são marcas da pós-modernidade. A outra referência para o título do filme seria o conto ou o livro que o jovem Esteban estava empenhado em escrever sobre sua mãe, o que motivava, em parte, as perguntas que ele fazia sobre seu passado e sobre o pai. Após a

morte do rapaz, Manuela encontra o seu diário com as anotações para o livro ou conto, o que impulsiona sua jornada a Barcelona.

2. O artigo de Susan Sontag, "Notas sobre o *camp*", tornou-se uma referência clássica.

3. O confronto entre as personagens merece ser visto mais no sentido de encontro face a face e não propriamente de embate ou choque, pois Almodóvar apresenta, em muitos momentos, cenas particularmente sensíveis de solidariedade feminina.

4. Ao final do filme, antes dos créditos de encerramento, lê-se a dedicatória de Almodóvar: "A todas as atrizes que interpretaram atrizes, a todas as mulheres que atuam, aos homens que atuam e se convertem em mulheres, a todas as pessoas que querem ser mães e à minha mãe".

O inferno é aqui

As melhores coisas do mundo

DIREÇÃO: Laís Bodanzky | Brasil, 2010

O filme pode ser considerado juvenil: um protagonista adolescente, rodeado por colegas e amigos, narra a história em primeira pessoa. Mano tem quinze anos e vive desafios parecidos com os de milhares de outros adolescentes de classe média das grandes cidades brasileiras. Uma crise doméstica, adultos atrapalhados com suas próprias emoções, um ou dois professores mais próximos capazes de acolher a garotada e de incentivar alguns sonhos. Um tanto de drama, um tanto de graça; música, risos, dor, desejos e sofrimento. Esses são alguns dos ingredientes de *As melhores coisas do mundo*, filme dirigido por Laís Bodanzky em 2010. Um filme juvenil, sim, mas "bom pra pensar".

É através da voz e do olhar de Mano que acompanhamos a história. Os amigos, a bicicleta, o violão são seus parceiros de todo dia. Perder a virgindade é uma questão premente. De vez em quando Mano pede algum conselho ao irmão mais velho, Pedro. Curte, como pode, a paixão por uma garota do colégio que não lhe dá muita bola, e tem ainda Carol, a melhor amiga, a quem confidencia tudo, ou quase tudo.

Antes dos créditos, o filme mostra a performance de Mano frente ao espelho fingindo tocar guitarra enquanto ouve um rock no volume máximo. Segue na curtição do garoto junto com um punhado de amigos experimentando transar pela primeira vez. Logo o grupo se lança pelas ruas, correndo para driblar o calote aplicado na casa de prostituição. Depois o clima muda. Terminam os créditos, cessam os risos e a música. Mano chega em casa e ouve o pai e a mãe discutindo. Malas e mochilas espalhadas pelo chão confirmam a separação do casal. Na troca de olhares com Pedro, o compartilhamento da tristeza. Os dois ouvem, então, o pai pronunciar a frase batida: "Eu tô só mudando de casa, mas quero que vocês tenham absoluta certeza de que meu amor por vocês não vai mudar".

Raiva, impotência, frustração se embrulham com a tristeza. Mano se dá conta de que não há nada a fazer. A saída é pegar a bicicleta, voar para a casa do professor de violão e descarregar no instrumento tudo isso. "Por que tá agredindo o violão? O que tá rolando?", ensaia o professor, mas Mano não está a fim de conversa. Pelo menos não agora... Mais tarde, com a mãe, experimenta: "Ele tá com outra, né?". Com um sorriso triste, ela anuncia: "Ele vai falar com vocês".

Efetivamente, Horácio prepara um jantar e uma conversa com os filhos no novo apartamento. As coisas não saem, no entanto, como o planejado. Os garotos já chegam confrontando: "Que mulher é essa que te tirou de casa, hein, pai? Você trocou nossa família por uma mulherzinha, uma paixão!". Ele replica: "Não é bem assim".

Diante da insistência de Mano, ele abre, então, o jogo: "Vocês conhecem a pessoa. É aquele meu orientando da faculdade, o Gustavo". A princípio confusos, depois perplexos, os dois reagem indignados quando o pai confirma que Gustavo é o seu namorado e que eles vão viver juntos: "Peraí. Você tá namorando um cara? Puta que pariu! Meu pai é viado, porra! Eu tô fora!", grita Pedro. Mano se fecha num silêncio enfurecido e sai batendo a porta.

Se a vida já estava parecendo difícil com seus problemas usuais, agora Mano tem certeza de que ela vai ficar ainda mais complicada. O garoto se dá conta de que o pior está por vir e desabafa com o irmão: "Pedro, se a galera da escola ficar sabendo da história do papai, a gente tá fodido!".

A partir desse momento, o medo de que seu segredo seja descoberto passa a assombrá-lo. Mano fica atento a cada risada, a cada grupinho que conversa pelos cantos... Mas a história vaza, é claro. A notícia corre de boca em boca, vai parar no blog da fofoqueira do colégio e se espalha. Mano quebra a cara, literalmente. Enfrenta, "pra valer", uma briga com um bando de colegas e, para piorar, perde a garota com quem vinha ficando. Seu mundo desaba. "Você quer saber o endereço do inferno?", pergunta, furioso e aos gritos, para o pai, quando este insiste em buscá-lo no colégio. "O inferno é aqui!"

O inferno em que Mano entrou, embora terrível, não é só dele. É o lugar-comum de centenas, milhares de garotos e garotas e também de muita gente grande que, de algum modo, se vê afastada das normas regulatórias da sociedade. Não é preciso invocar teóricas ou estudiosas consagradas para lembrar que as sociedades supõem um encadeamento "lógico" e "único" entre sexo, gênero e sexualidade. A sequência, que acaba por ser legitimada e naturalizada, implica que quem é designado como macho ao nascer deve, necessariamente, se constituir num sujeito masculino e deve demonstrar, consequentemente, desejo por alguém de sexo/gênero oposto ao seu. O fato é que o pai de Mano descumpriu essa norma. Assumiu o afeto e o desejo por uma pessoa de seu próprio sexo. Tornou-se, assim, um sujeito marcado, e sua "infâmia" parece ter o efeito de arrastar junto o garoto.

"Meu pai é gay. Esse é o maior paradoxo de todos os tempos", resume, para a melhor amiga, depois de uma aula em que aprendeu o conceito de paradoxo. "Nossa! Teu pai é muito corajoso!", replica Carol. Mas Mano insiste, dramaticamente: "Você não tá entendendo. Meu pai é gay!". A garota retruca: "E o meu, que é antropólogo? Ele é gay, mas podia ter ficado escondido no armário".

A combinação dessas duas identidades – pai e gay – é impossível, impensável. Escapa da lógica. E não só para Mano.

O garoto extravasa sua inconformidade: "Minha mãe não podia ter ficado viúva? Se é pra rolar tragédia, não podia ser uma tragédia *normal*?". Diante da reação de Carol, admite: "Juro por tudo que é sagrado: não vejo o menor problema do pai dos outros ser viado, mas o *meu* pai? Tem tanto pai por aí, caramba. Isso é que nem ganhar na loteria, só que ao contrário".

Uma violência insidiosa e miúda, tão cruel e doída quanto a surra, passa a envenenar seu cotidiano. Não é à toa que ele decreta que sua escola é o endereço do inferno. A escola é um dos lugares mais cruéis para se viver formas não hegemônicas de sexualidade. A discriminação, o repúdio e o deboche se esgueiram e se infiltram nas piadas, no recreio, nas paredes dos banheiros, nas escolhas de parceiros e parceiras dos jogos, das brincadeiras ou dos grupos de estudo. Suas marcas nem sempre são imediatamente visíveis, como costumam ser as marcas da violência física, mas podem ser particularmente persistentes e duradouras. As violências do cotidiano, por vezes miúdas e consentidas, se diluem, se disfarçam e se propagam exponencialmente.

O blog repercute: "A pergunta que não quer calar: filho de viado, viadinho é?". De cara fechada, sentindo-se o último dos mortais, Mano atravessa os corredores da escola. Antes ele até era um cara popular, mas e agora? Agora parece que vale menos. Mano passa a ser um sujeito marcado.

"Viado", "criolo", "bicha", "sapatão", "loura burra" não são expressões inocentes. Elas produzem efeitos; elas parecem machucar. O que faz com que essas palavras doam tanto? "Palavras têm o poder de ferir?" – questiona Judith Butler. De onde vem a força da fala dessa gente? A turma que se espalha pelos corredores ou pelo blog é, efetivamente, a grande responsável por essas ofensas? Ou melhor, seguindo as provocações de Butler, esses garotos "são os autores únicos e soberanos" das ofensas? Por que suas vozes atingem Mano de um jeito tão doloroso?

Talvez as respostas para essas perguntas não importem muito para ele, pelo menos não nesse momento. Agora tudo o que Mano sabe é que a escola se tornou "um Big Brother do mal" e que um punhado de gente antes camarada e parceira virou inimiga. É, não há como negar que a turma do corredor e a fofoqueira do blog têm responsabilidade nessa fala. Os colegas de Mano são portadores de um discurso de ódio. Mas eles não são seus autores exclusivos. A fala dos garotos ecoa uma história de ódio.

A força de seus insultos reside, precisamente, ou pelo menos em grande parte, na longa história desse discurso. É verdade que as palavras não têm um significado fixo nem único; mas os vestígios de seu passado também não se apagam completamente. Foi o que aconteceu, por exemplo, com a palavra "negro". Se, por tanto tempo, "negro" foi uma expressão usada com desprezo, também se tornou, contemporaneamente, à custa de muita luta, uma expressão de afirmação e orgulho. O movimento negro ressignificou a expressão. Mas, ainda assim, a palavra carrega restos dessa história de discriminação e desrespeito. Ainda que palavras possam ser revertidas, subvertidas, recontextualizadas, elas carregam traços de seus antigos significados, vestígios que nelas se sedimentaram.

A força da fala dos garotos, ou melhor, a força dos discursos de ódio se deve, também, à dificuldade de identificar ou isolar sua origem. Esses discursos se repetem e se espalham de muitos modos, constantemente, e, em algum momento, parece que ficam imperceptíveis. Os discursos se tornam banais, se naturalizam. A violência que carregam fica mascarada. Não se mostra direta e às claras, vem encoberta pela piada e pelo riso. A gozação, a brincadeira, a zombaria circulam quase sem ser notadas. Tornam-se corriqueiras e qualquer um pode, então, se sentir autorizado a repeti-las.

O próprio Mano fez ou fazia isso, antes de se tornar vítima. É ele o autor da caricatura – anônima – que aparece no mural da escola dirigida a uma garota que apresentava atitudes e comportamentos ditos masculinos. Abaixo do desenho, a provocação: "Bruna sapatão: vai encarar?". Legitimado e autorizado pela turma, aparentemente sem culpa, Mano ajudava a fazer da vida da menina um inferno.

A primeira reação de Bruna é, precisamente, encarar Mano: "O problema é comigo? Do jeito que eu me visto? Ou porque as meninas me acham mais interessante do que você?". Depois ela se isola.

A violência miúda do dia a dia costuma ter efeitos que não são apenas simbólicos, mas também materiais e sociais. Discriminado ou excluído, quem é seu alvo pode acabar apartado dos grupos sociais a que pertencia; em algumas situações pode perder direitos, virar um sujeito tabu ou até um inimigo. Às vezes, se torna alguém de quem outros se distanciam por temerem algum tipo de contágio moral. Então, ele ou ela vai buscar refúgio na solidão ou tentar encontrar outros igualmente desprezados. A segregação e o segredo são parceiros da violência. Aprender a dissimular e a esconder seus desejos são formas utilizadas, com frequência, por jovens e adultos que se percebem não heterossexuais. É tão doloroso assumir desejos condenados que desde muito cedo eles e elas aprendem a mentir e a disfarçar, a ficar em silêncio e a "desaparecer". A "invisibilidade" pode ser uma estratégia. A dissimulação e a mentira podem ser algumas das primeiras aprendizagens feitas na escola.

Às vezes essas histórias apresentam outras nuances. Na sociedade também circulam discursos de tolerância; afinal, políticas oficiais proclamam o acolhimento da diversidade sexual e étnica/racial. Fazem-se leis e projetos de ação afirmativa, há intervenções inclusivas; organizações e grupos se mobilizam. Alguns tentam inscrever essas questões nos currículos escolares. Em contrapartida, outros apontam supostos malefícios em tais iniciativas e reafirmam, exaltados, os valores tradicionais da família, definida de modo singular e exclusivo.

Um lado aparentemente tolerante de Mano se mostra no desabafo com Carol, quando o garoto diz que não vê problema "no pai dos outros ser viado"... Num tom condescendente, admite que esse "desvio" seja vivido por outras pessoas, mas conclui que é uma desgraça, um azar terrível, que isso tenha acontecido precisamente com o seu pai. Talvez pareça fácil mostrar condescendência quando o sujeito não se percebe incluído na questão. A tolerância pode ser enganosa, ao sugerir que o "problema" "tá lá fora", com o outro. A tolerância também costuma ser escorregadia. Ela cheira a indulgência, tem a ver com permissão. Supõe, de algum modo, perdão e desculpa a falhas que os outros carregam. Seja como for, a desigualdade e a hierarquia continuam implicadas nesses discursos.

As melhores coisas do mundo mostra pequenos e grandes dramas. Não só de Mano. Mostra também os dramas de Pedro, que chega a tentar se matar pelo amor perdido da namorada; ou de Carol, que não se conforma com os beijos sem sentido trocados a toda hora por todo mundo e anseia por um beijo "de verdade"; mostra o início da carreira de "matador" do cara que registra todas as garotas com que fica como numa coleção de figurinhas... O filme mostra ainda um punhado de adultos atrapalhados com seus próprios problemas, seus desejos e seus desencantos; atrapalhados, também, em ensaiar respostas ou reações às questões que a garotada e o mundo todo lhes coloca.

Camila, a mãe de Mano e Pedro, reage quando o marido lhe cobra "a falta de inquietação". Segundo

Horácio, ela "não é mais uma pessoa apaixonada", "tem que sair dessa vidinha", "da acomodação"... Horácio lhe entrega um pedaço de sua própria culpa, ao sair de casa para realizar o seu desejo.

A nova parceria amorosa entre ele e Gustavo vai se constituir num desafio com que cada um e todos terão de aprender a conviver.

A mulher lida como pode com o desfecho do casamento; segura as pontas com os garotos; participa com energia das reuniões de pais e mestres, consegue expor suas ideias e até mesmo reverter uma decisão da escola que lhe parece injusta. Distante do perfil acomodado que lhe é atribuído pelo marido, ela não se enquadra na tradicional representação de conformada e submissa. Também faz algumas bobagens, é verdade, como desabafar com outra mãe sobre o fim de seu casamento. É ela, afinal, que desencadeia a onda que vai acabar por vazar a história e infernizar a vida de Mano. Com acertos e erros, Camila enfrenta sua própria dor e a dos garotos, e protagoniza, junto com Mano, um momento de cumplicidade explícita, quando os dois descarregam sua frustração numa fenomenal quebradeira de ovos pelas paredes da cozinha. Entre choro e risos, mãe e filho compartilham tristeza e afeto.

Gustavo, o namorado de Horácio, vai se revelar um sujeito confiável, capaz de compreender as dificuldades que esse novo relacionamento acarreta e, mais do que isso, capaz de perceber, com sensibilidade, os problemas e anseios de Mano e também de Pedro.

Num filme no qual a escola é o espaço predominante, não poderia faltar a figura do jovem professor que segura a atenção da galera em suas aulas de Física e é capaz de compreender aqueles que querem mudar o mundo (ou pelo menos mudar a escola). Dele os jovens ouvem o conselho instigante: "Vocês têm de duvidar de tudo. Duvidar de mim também".

Um filme juvenil, sim, com um final mais ou menos açucarado que nos faz sair da sala de cinema com um certo sorriso no rosto, mas que permite outras camadas de leitura, para além da esperança de que Mano e Carol fiquem juntos ou de que Pedro vá se recuperar do amor perdido. Logo ao dobrarmos a esquina, quando seguimos pela rua, dá para pensar que o ódio e a violência cotidianos persistem e que se reinventam resistências.

Nota

Apresentei uma primeira versão deste texto em Fortaleza, no evento "Curta o Gênero", promovido pelo grupo "Fábrica de Imagens". A presente versão modifica e amplia o ensaio original.

Zona de contrabando

Transamérica

DIREÇÃO: Duncan Tucker | Estados Unidos, 2005

Uma transexual, às vésperas da cirurgia que irá completar sua mudança de sexo, descobre que tem um filho adolescente, resultado da única relação heterossexual que tivera nos tempos de faculdade, quando ainda era homem. Bree, a transexual ansiosa por livrar-se do pênis, precisa lidar com esse passado para conseguir a autorização de sua terapeuta e, então, efetivar a cirurgia tão desejada. O garoto Toby, encrencado por uso de drogas e prostituição, sonha conhecer seu pai. Ambos lançam-se numa viagem que atravessa os Estados Unidos, de Nova York a Los Angeles, tentando dar conta de seus sonhos. Esse é o enredo de *Transamérica*, filme exibido em 2006 nos cinemas brasileiros. Um *road movie*, um filme de estrada, com dois estranhos viajantes, solitários, *outsiders* sexuais, como chamou um comentarista.

Estradas e viagens são, geralmente, associadas a trânsito, movimento, turismo e também sugerem migração, evasão, fuga, exílio. O tema é recorrente nos romances de formação – que narram o percurso de um herói (quase sempre um homem) numa saga pontilhada de experiências, obstáculos, encontros. Enquanto realiza essa viagem exterior, o herói, tradicionalmente, empreende também uma espécie de viagem interior, descobrindo-se e formando seu caráter e sua consciência. A metáfora da viagem, frequentemente explorada na literatura e na educação,[1] parece se repetir, com algumas variantes, nos *road movies*. Nesses filmes, os personagens também estão em trânsito, em busca de algum objetivo muitas vezes adiado, ou em fuga ou empenhados na realização de algum sonho, com esperança de alcançar riqueza ou liberdade. Ao longo do caminho, esses personagens também se veem diante de provas, têm encontros, experimentam conflitos. Nos filmes, tal como nos livros, estrada e viagem são, por vezes, apresentadas como via de redenção. Mas, é claro, nem sempre isso se realiza. O que parece recorrente é que, de um modo ou de outro, ao se deslocarem, os sujeitos se transformam.

A imagem da viagem também pode servir para pensar trajetórias no domínio dos gêneros e da sexualidade, mas não para falar de um sujeito que vai se desenvolvendo, de modo linear e progressivo, ao longo da vida (não acredito que ainda haja espaço para se pensar tal sujeito assim coerente e unificado). Quero me valer mais uma vez da viagem para pensar o desenraizamento e o trânsito, para pensar um percurso e também um viajante que, é preciso reconhecer, se apresentam mais difusos, confusos e plurais do que aqueles dos tradicionais romances de formação. É preciso pensar a viagem e especialmente o viajante como menos previsível e mais afeito aos desvios. Bree e Toby, os personagens centrais de *Transamérica*, são bons para pensar tudo isso.

A declaração "É uma menina!" ou "É um menino!" – ou seja, a nomeação de um corpo recém-nascido ou prestes a nascer – pode ser entendida como desencadeadora de uma espécie de viagem que se desenvolve ao longo de toda a existência do sujeito. Supostamente, essa viagem deve seguir um rumo predeterminado, e, para garantir que isso aconteça, a sociedade dispõe de um conjunto de normas regulatórias que são reiteradas e mantidas por inúmeras instâncias, por meio de uma multiplicidade de discursos, práticas e estratégias. A declaração pronunciada no momento do nascimento, ou mesmo antes, durante a gestação, faz mais do que descrever um novo sujeito; na verdade, ela pode ser compreendida como uma decisão e uma definição sobre um corpo. Judith Butler argumenta que essa afirmativa faz parte de uma série de enunciados, atos e práticas performativas; ela desencadeia, efetivamente, todo um complexo processo para "fazer" desse corpo um corpo feminino ou masculino. Um processo que toma por base algumas características físicas que são vistas como diferenças fundamentais e às quais se atribui importantes significados culturais.

Pretende-se que a viagem que assim se inicia siga uma sequência, ou seja, uma rota, precisa e coerente entre sexo-gênero-sexualidade. O sexo (definido como macho ou como fêmea) deverá indicar um gênero (masculino ou feminino) e implicar uma única forma de desejo (dirigida ao sujeito de sexo/gênero oposto). O ato de nomear o corpo acontece, portanto, no interior de uma lógica binária que supõe o sexo como um "dado" anterior à cultura e pretende lhe atribuir um caráter definitivo e a-histórico. A nomeação inaugura um processo de masculinização ou de feminização com o qual o próprio sujeito se compromete. Para se qualificar como um sujeito legítimo, como um "corpo que importa", no dizer de Butler, esse sujeito se verá obrigado a obedecer às normas que regulam sua cultura. Contudo, como qualquer viagem, essa também pode seguir outros rumos. O viajante ou a viajante – porque nessa viagem não lidamos somente com heróis masculinos – pode se desviar da rota, experimentar veredas improváveis, cruzar fronteiras proibidas.

Bree ilustra lindamente essa metáfora. Cabe a ela – como a qualquer um de nós – seguir, ao longo da vida, um determinado caminho no território dos gêneros e da sexualidade. Ao nascer, seu corpo é identificado como de um macho. Recebe o nome de Stanley, deve seguir todas as imposições e disposições de sua cultura para se constituir como um sujeito masculino – vestir roupas apropriadas, comportar-se como um menino, provavelmente gostar de esportes, mostrar-se disposto a enfrentar brigas, não ter paciência com "frescuras", ir para a faculdade, namorar garotas, etc. Ninguém lhe pergunta se está de acordo com essas prescrições nem se o corpo masculino que está fabricando lhe é confortável. Stanley cumpre (ou parece cumprir) como pode e enquanto pode as normas que lhe são prescritas e reiteradas cotidianamente. Cumpre tão bem que chega a ter uma relação sexual com uma colega de faculdade (mais tarde, já como Bree, recorda essa como sendo uma relação meio lésbica), e desse encontro sexual nasce Toby. Por certo tempo, tenta, portanto, realizar a viagem no território do gênero masculino, mas isso lhe parece cada vez mais penoso. Stanley dá um jeito, então, de sair desse território que percebe estrangeiro. Recorre a todos os dispositivos ao seu alcance e produz um novo corpo – feminino na aparência – quase perfeito, na sua idealização do que seria um corpo de mulher. Falta-lhe um último detalhe para atravessar a fronteira de gênero. A cirurgia que vai tirar fora o pênis (apêndice que absolutamente não lhe agrada) representa, possivelmente, o passaporte para cruzar para o outro lado.

Esse cruzamento não é simples – não é simples para Bree nem para ninguém. Consiste em uma travessia não só improvável, mas, antes de tudo, proibida. Um atravessamento de fronteiras que é extremamente vigiado em nossas culturas. Somos todos instados a permanecer no território de gênero para o qual fomos designados ao nascer. Pedagogias são exercidas cotidiana e continuamente por meio da família, da escola, da mídia, das leis, das igrejas, da medicina para garantir que cada um ou cada uma de nós "adquira" e mantenha "coerentemente" seu gênero e, por conseguinte, sua sexualidade. O processo de heteronormatividade é posto em ação para nos tornar, todos, compulsoriamente, heterossexuais. As normas regulatórias de gênero e de sexualidade são, como todas as normas, anônimas e onipresentes. É praticamente impossível identificar quem as enuncia: elas simplesmente acontecem, se espalham por toda parte e costumam penetrar em todos, insidiosamente. A rota programada para a viagem implica a reiteração constante dessas normas. Apesar disso, Bree, como muitos outros, decide abandonar a rota prevista.

Para se fazer mulher, Bree precisará "encontrar" sua voz feminina. E ela se esforça, então, para realizar com perfeição os exercícios de um vídeo de instrução; repete escalas para poder falar ao telefone no tom adequado. Há uma performance de gênero que precisa ser cumprida e que só poderá ser alcançada através da repetição continuada das normas e práticas.

É curioso observar que, ao transgredir e cruzar a fronteira de gênero, Bree se constrói como uma mulher conservadora e recatada. Seus gestos, roupas, o modo como se comporta e as ideias que manifesta sugerem uma feminilidade clássica (tipo anos 1950). Quando conversa à noite com o caubói índio que havia dado uma carona a ela e a Toby, Bree se mostra, pois, a típica mulher delicada, atenta e meiga. Recusa a bebida que lhe é oferecida, para depois aceitar só um pouquinho e, em seguida, com gestos, mostrar que acha muito forte; enlevada, ouve a música que o homem canta para ela e movimenta, suavemente, a cabeça para demonstrar sua apreciação. Todo o seu corpo expressa sua imersão no território feminino – Bree é praticamente um estereótipo de mulher! Essa situação e o seu empenho fazem lembrar o modo como se comportam imigrantes e exilados em terra estrangeira. O medo de serem expulsos desses territórios – que não são originalmente os seus – e o enorme desejo de serem aceitos fazem com que os forasteiros obedeçam à risca as normas do novo país. Seguem-nas, geralmente, com muito mais rigor do que os nativos, pois estes se acreditam legitimados e, portanto, sentem-se mais à vontade naquele espaço.

Atravessamentos das fronteiras de gênero e sexualidade parecem, hoje, mais frequentes, ou, quem sabe, talvez sejam simplesmente mais visíveis. O fato é que, contemporaneamente, as classificações binárias de masculinidade e feminilidade ou de heterossexualidade e homossexualidade não dão mais conta das possibilidades de práticas e de identidades experimentadas pelos sujeitos. Isso não significa que se transite livremente entre esses territórios – por certo os guarda-fronteiras continuam vigilantes, severos e inflexíveis. As consequências para quem tem a ousadia de fazer essa travessia são, em geral, a punição, o isolamento ou, eventualmente, a reeducação com vistas ao retorno ao bom caminho. Invocando os discursos mais diversos, da psicologia, da religião, da medicina, é possível ou provável que alguém tente empreender um processo de recondução desse desviante. E quem se encarrega de trazer de volta o forasteiro costuma, muito frequentemente, demonstrar indulgência e tolerância, evidenciando, com orgulho, sua posição altaneira e superior.

Cruzamentos de fronteiras são feitos pelas mais variadas razões. Quando pensamos nos territórios de gênero e de sexualidade, talvez seja menos importante tentar descobrir as intenções, os motivos ou os propósitos de quem empreende a travessia. Vale mais tentar saber quem faz esse trânsito, quem pode se deslocar e como tais deslocamentos são significados socialmente. A metáfora da viagem pode ser enganadora às vezes, especialmente se associarmos sempre a ela o privilégio de ir e de vir livremente. James Clifford, em seus estudos sobre culturas como locais de moradia e de passagem, nos leva a pluralizar sentidos e significados das viagens. Ele nos recorda que há sujeitos que fazem travessias e deslocamentos compelidos por circunstâncias alheias ou por motivos externos (como guias, criados, migrantes, exilados...) e lembra, também, que as viagens são significadas distintamente por gênero, por classe, por raça. Não podemos esquecer, portanto, que, também no território dos gêneros e das sexualidades, haverá sujeitos que se sentem de algum modo empurrados para tais viagens e que não percebem a travessia como sendo uma escolha que fazem livremente. Suas razões podem ser as mais diversas, e eles podem atribuir distintos significados ao seu deslocamento. Tal como quaisquer outros viajantes podem ver sua travessia restringida e repudiada ou, em vez disso, admitida e ampliada por suas marcas de classe, de raça ou por qualquer outra circunstância. Em vez de nos perguntarmos, então, sobre as razões do cruzamento de fronteiras, parece mais importante constatar que o cruzamento acontece e que tem efeitos culturais significativos não só para quem o realiza, mas para todos os que convivemos com esses viajantes. É o que acontece com Bree, em *Transamérica*.

Mas, assim como em outros territórios, também nos territórios de gênero e sexualidade há aqueles e aquelas que vivem na própria fronteira. Sujeitos que não chegam a completar o cruzamento e vivem a ambiguidade do entre-lugar. Por vezes, esses sujeitos inscrevem em seus corpos as marcas dos dois lados, confundindo quem os encontra, ou escapam de um lado para outro, não se deixando fixar, deslizando. De fato, fronteiras são feitas para dividir e separar, mas é preciso lembrar que elas também são locais de relação ou de encontro. Constituem-se em região propícia à *mélange* e à mistura, ao embaralhamento dos sotaques, das marcas e dos hábitos distintivos de cada um dos lados. Zona de contrabando, de passagem ilegal de produtos, de ideias e de gente, zona de transgressão, também é aí, consequentemente, que se exercitam com mais atenção a vigilância e o policiamento.

No domínio dos gêneros e da sexualidade há quem se divida (ou divida seu tempo) entre os dois territórios, vivendo de dia aqui, de noite lá; há quem aposte na ambiguidade, combinando em seu corpo as marcas dos dois gêneros; há ainda aqueles e aquelas que brincam com as características identitárias dos dois territórios, apelando para o exagero e para a paródia. Esses viajantes não se preocupam em se integrar definitivamente em nenhum dos territórios. Em vez disso, assumem-se como estranhos, esquisitos, queer. Preferem ser sempre estrangeiros, sempre diferentes, desprezando a normalização e a integração.

Talvez esses sujeitos possam ser compreendidos como uma espécie de nômade e, se assim for, deles se poderia dizer que só têm "estadia provisória". Estão em constante movimento. O migrante, como lembra Rosi Braidotti, tem um "itinerário" de deslocamento entre sua terra natal e um outro lugar que o recebe; o exilado, por sua vez, é obrigado a se separar, radicalmente, do lugar de origem e a ele não pode retornar. Mas ambos, migrante e exilado, lidam com lugares de algum modo fixos. "O nômade, por outro lado, se posiciona pela renúncia e desconstrução de qualquer senso de identidade fixa [...]; o estilo nômade tem a ver com transições e passagens, sem destinos predeterminados ou terras natais perdidas", diz Braidotti.

Mas, decididamente, esse não é caso de Bree. Ela pretende atravessar, efetivamente, para o outro lado, quer adotar o novo território e ser por ele adotada. O que mais deseja é ser tomada por uma mulher "autêntica". Por isso, quando sua irmã lhe sugere um traje extravagante e exagerado, rejeita, enfaticamente, dizendo: "Eu sou uma transexual, não sou uma travesti". Bree aspira alcançar toda legitimidade possível em sua travessia. Não quer, de modo algum, ser considerada esquisita e manifesta essa preocupação, ao perguntar a Toby: "Você me acha *freak*?". Bree não quer ficar errando à toa entre os territórios masculino e feminino, deseja encontrar seu lugar definitivo, estabilizar-se. O que ela quer, enfim, é ser uma mulher "normal" e "respeitável".

Andar à toa, vagabundear, viver como nômade caracterizam a situação de errância, que alguns associam à representação de viagem. "Errância" vem do verbo latino "*errare*": "vagar, andar sem destino, perder-se no caminho", também "enganar-se, cometer erro". Um conjunto de noções vai se encadeando e permite pensar naqueles que se desviam, que se apartam do caminho, se perdem, se enganam, hesitam ou cometem faltas. Ações que, usualmente, são representadas com alguma negatividade. Se seguirmos por aí, parece que a analogia com o território dos gêneros e das sexualidades ainda pode se sustentar. Errar ou vagar sem destino, nesses territórios, se constitui em prática desaconselhável. É possível dizer que, em seu sentido mais amplo, a errância não é bem vista nesses domínios. Mas podemos nos deparar, também aqui, com aqueles e aquelas que revertem essas representações. Marcas, usualmente negativas, que se associam à errância ou ao descaminho, são assumidas ao revés, afirmativamente e sem receios, por quem se considera queer, esquisito, excêntrico. Para esses, parece que importa mais vagar, descompromissada e livremente, do que chegar a algum destino; eles e elas desejam experimentar, perder-se no caminho, errar, mais do que cumprir um trajeto e fixar-se numa posição. Talvez porque "queer" seja mais bem compreendido se for tomado como uma disposição, como um jeito de estar e de ser, em vez de se considerado como uma nova posição de sujeito ou um lugar social estabelecido. "Queer" indica um movimento, uma inclinação em que parece estar implícito um tom perturbador. Mais do que uma nova identidade, queer sinaliza um modo de estar no mundo.

A travessia de Bree ajuda a refletir sobre tudo isso. Num primeiro momento, se o termo "queer" é tomado como uma expressão guarda-chuva, ou seja, como uma expressão que serve para se referir a todo um conjunto de sujeitos não heterossexuais, parece absolutamente apropriado incluir nesse rótulo a figura transexual de Bree. Mas, em seguida, se refletirmos mais profundamente sobre o significado político que intelectuais e militantes procuraram atribuir à expressão "queer", ou seja, a de uma disposição antinormalizadora, subversiva, de rejeição aos arranjos e instituições sociais, então teríamos de admitir que, nesse sentido, Bree não demonstra uma disposição queer. Bree assume, claramente, a posição de integração, ela busca se ajustar, se adaptar, o mais convencionalmente possível, ao território da feminilidade. Pensando bem, sob essa perspectiva, Bree não é queer.

Não podemos nos esquecer da figura de Toby, que, junto com Bree, empreende a longa viagem através da América. Ele também percorre os territórios de gênero e sexualidade e também parece, em muitos momentos, confuso com seu corpo. Desalinhado e negligente, antes de iniciar a travessia, ele junta suas coisas de qualquer jeito, como pode, no quarto do hotel imundo em que vive. O desarranjo e o descontrole do lugar e também de Toby fazem contraponto com a esmerada aparência de Bree. Sua juventude ou adolescência e as condições particulares de sua existência talvez nos levem a pensar, mais facilmente, na possibilidade de incertezas ou de turbulências em um processo de construção identitária. Cometemos um engano, contudo, se pensarmos que essas características são privilégio de uma fase específica da vida ou de uma história particular. A produção das identidades sexuais e de gênero que se dá ao longo de toda a existência dos sujeitos (de todos os sujeitos) nada tem de harmoniosa e estável. Muito pelo contrário, revela-se como um processo sem qualquer garantia de estabilidade ou coerência; um processo que pode ser, e é, marcado por imprevisibilidade e provisoriedade. Nesse sentido, é possível dizer que todos somos, sempre, sujeitos em construção, ou, para usar uma expressão do filme, *a work in process*. Bree afirma isso, com convicção, assumindo que é uma mulher "em construção". A ideia se repete com Toby. Sua viagem no terreno da sexualidade é marcada por violência, encontros, conflitos, experimentações. Inicialmente, nos deparamos com um garoto problemático e confuso que aceita se lançar na estrada junto com Bree, suposta missionária religiosa; no meio do caminho, assistimos a seu reencontro com o padrasto e a emergência do ódio e do medo, resultantes do abuso sexual sofrido; adiante, observamos suas tentativas de tirar alguma vantagem do empréstimo de seu corpo, seja prostituindo-se no breve encontro com um caminhoneiro, seja atuando em filmes pornográficos. Será também através de suas supostas habilidades sexuais que Toby buscará expressar seu crescente afeto por Bree, oferecendo-se amorosamente a ela.

O propósito declarado da viagem é, para Toby, encontrar seu verdadeiro pai e chegar até Hollywood para ali se tornar astro de filmes pornôs. E, ainda que de um jeito meio truncado, ele realiza tal projeto. É bem verdade que o pai se revela numa estranha e delicada figura de mulher, Bree, e o sonho cinematográfico não traz junto a fama esperada ou o reconhecimento social. Mas, de um jeito ou de outro, Toby realiza a viagem e lida, como pode, com os códigos e as referências de gênero e sexualidade que a sociedade lhe apresenta. Também experimenta desvios da rota legitimada, quando pratica sexo com outros homens, mas busca retornar ao campo da masculinidade hegemônica e se mostra, em alguns momentos, agressivamente heterossexual. Não sabemos o rumo que tomará a seguir. Ao final do filme, nada está assentado ou resolvido. Não fica claro o caminho que Toby vai assumir nem de que modo se construirá sua relação com Bree (seu pai/mãe). A história desses viajantes permanece em aberto, em construção.

Notas

Este texto, com o título "Viajantes pós-modernos II", foi publicado como capítulo do livro organizado por Luiz Paulo da Moita Lopes e Liliana Cabral Bastos, *Para além da identidade: fluxos, movimentos e trânsitos*, publicado pela Editora UFMG, em 2010.

1. Retomo aqui a metáfora da viagem para tratar de trajetórias experimentadas pelos sujeitos no campo dos gêneros e sexualidades, tal como desenvolvi no livro *Um corpo estranho: ensaios sobre sexualidade e teoria queer*, publicado pela Autêntica, em 2004.

Close-ups

A echarpe lavanda

Longe do Paraíso
direção: Todd Haynes | Estados Unidos, 2002

É a música, antes de tudo, que introduz o filme. Em seguida, surgem os créditos, num estilo meio antigo, apresentados sobre uma paisagem de outono carregada de cores muito fortes e brilhantes. A cena é vista do alto e, aos poucos, a câmera desliza, mostrando uma praça e uma estação de trem. A abertura provoca certo estranhamento. Tudo parece um pouco despropositado, um tanto fora de época e, ao mesmo tempo, tudo é muito familiar.

Longe do Paraíso nos arrasta para os anos 1950, não apenas por contar uma história dessa época, mas também por se fazer como um filme dessa época. O diretor, Todd Haynes,[1] exibe despudoradamente sua admiração pelos melodramas de Douglas Sirk. *Far from Heaven*, produzido em 2002, sugere imediatamente *All That Heaven Allows* (*Tudo o que o céu permite*), de 1955, e lembra, também, *Imitation of Life* (*Imitação da vida*), de 1959, além de uma porção de outros filmes.

Como os antigos melodramas, esse também tem uma protagonista feminina marcante, a trama centrada nas emoções, uma boa dose de sofrimento e desejos reprimidos. Um "filmão" do gênero que se dizia ser o preferido das mulheres mas que, certamente, sempre contou com um público muito mais amplo.

Homenagem ou paródia (discutem os especialistas), seja como for, *Longe do Paraíso* tem a vantagem e o peso do passado e uma plateia que deve ser, de um modo ou de outro, diferente.

Tudo gira em torno de Cathy Whitaker, perfeita dona de casa, esposa e mãe. Frank, seu marido, é um bem-sucedido vendedor de uma companhia de televisores. Um casal de filhos completa o quadro dessa família branca de classe média tomada como exemplar na comunidade. A casa bem decorada, cercada por um belo jardim, é mantida impecável por uma leal empregada negra.

Nada parece escapar aos padrões sociais e às posições de gênero reconhecidas como "clássicas". Cathy se ocupa em manter tudo funcionando dentro da mais completa ordem. Ao voltar do escritório, Frank deve ser recebido com o sorriso de sua dedicada esposa, abraços do filho e da filha, comida, conforto e tranquilidade.

As primeiras cenas mostram os investimentos feitos por Cathy para a manutenção desse quadro harmonioso. Ela se empenha na educação dos filhos, que, previsivelmente, mostram interesses distintos: o menino por esporte e a garota pelas aulas de balé. Dele se espera e se desculpa a desatenção pelas coisas da casa, nela se cultivam modos e traços parecidos com os da mãe. Com desenvoltura e elegância, Cathy desempenha todas as atividades que lhe cabem na comunidade e, por isso, se torna objeto de uma reportagem na revista feminina local.

Ao receber a velha repórter em sua casa, Cathy comenta: "Não sei por que gostaria de entrevistar alguém como eu, em primeiro lugar...". E ouve como resposta: "As leitoras da revista são mulheres como você que cuidam da família e do lar...". Não há como contestar: casamento e maternidade parecem ser o destino de uma mulher "de verdade". Como consequência, espera-se que ela se dedique, primordialmente, ao marido e aos filhos e coloque seus próprios interesses e desejos em segundo plano. Encostada à lareira da sala, Cathy olha ao redor e parece confirmar: "Minha vida é igual à de outras esposas e mães. Na verdade, acho que eu nunca quis nada...". A frase é interrompida e fica por conta da plateia completá-la. Os modos serenos sugerem que essa mulher não tem ou pelo menos não reconhece qualquer outro desejo. Tudo lhe parece bem assim como está.

A interrupção, que introduz uma espécie de fissura nesse cenário seguro, acontece quando Cathy percebe um homem negro em seu jardim. Dirigindo-se a ele, vem a descobrir que se trata do filho de seu antigo jardineiro que passava a assumir o lugar do pai. Raymond se revela um homem afável e sensível, surpreendentemente culto e interessado em arte. Uma delicada e improvável amizade se inicia entre os dois.

A narrativa ganha outro movimento quando passa a acompanhar Frank, que, diferentemente de Cathy, não parece tão perfeito no seu papel de marido e pai. Já nas cenas iniciais, vemos Cathy sendo chamada à delegacia para liberar o marido preso por estar alcoolizado. A seguir observamos que Frank costuma vagar por ruas e becos escuros da cidade antes de voltar para casa depois do trabalho. Sua errância acaba por encontrar foco num bar gay.

Revela-se, assim, o motivo da angústia de Frank, confinado a uma união heterossexual "perfeita" que contraria seus mais íntimos desejos. Cathy irá descobrir o "problema" do marido pouco depois, quando decide levar-lhe comida no escritório e o encontra aos beijos com outro homem.

A estabilidade da família exemplar começa a se romper e o tom dramático do filme ganha impulso. Cathy está no centro dessa narrativa. Nela se reitera uma representação do feminino que, por longo tempo, foi assumida como universal: a mulher compreensiva que apoia o marido incondicionalmente para manter a harmonia do lar.

Racismo e homossexualidade são, pois, as questões centrais colocadas em cena por Todd Haynes. Uma vez que tudo acontece em 1957, o racismo fica explícito na forte rejeição da comunidade à amizade entre uma mulher branca e um homem negro, agravada ainda mais pela diferença de classe. Comentários maldosos, hostilidades de toda ordem e agressão física dão consistência ao escândalo provocado por essa amizade. Quanto à homossexualidade, considerada então uma patologia, ela será marcada pelo segredo e pela vergonha. A busca pela "cura" levará Frank a se submeter a procedimentos médicos dolorosos e a ensaiar inúteis tentativas de recuperação, sempre apoiado por Cathy.

Como nos antigos melodramas, o ritmo é lento, a música participa expressivamente na construção da narrativa e os personagens vão se desenhando a cada cena.

A leitura do perfil de Cathy publicado pela revista é recebida com gracejos e aprovação pelo pequeno grupo de amigas que costuma se reunir para tomar chá e partilhar fofocas e confidências. Além de suas qualidades já reconhecidas amplamente, a reportagem acrescenta que

Cathy é "gentil com negros", o que deixa todas um pouco surpresas. Eleanor, a amiga mais íntima, ensaia então uma explicação: "Cathy virou liberal desde quando fez teatro na juventude e atuou com aqueles judeus... Ela era chamada de *red*". O comentário parece banal e inconsequente, mas introduz uma nota distintiva na figura modelar da anfitriã. Sua qualificação como *red* certamente não se referia apenas à cor de seus cabelos, mas seria, é provável, uma alusão a suas supostas inclinações políticas, numa época em que a guerra fria contra o comunismo e a luta pela integração racial pesavam na sociedade estadunidense.

"Bom, chega de escapar do assunto", provoca Eleanor, durante o chá. "Nancy?" A amiga, entre risos, aceita a deixa e confidencia: "Meu marido... quer uma vez por semana!". E, assim, a vida sexual daquele grupo de jovens esposas entra em cena. Eleanor replica: "Você tem sorte. O meu quer duas, três vezes! [...] E uma amiga minha contou que faz sexo com o marido todas as noites! E mais três vezes no fim de semana! Dá pra imaginar?". As risadas e os olhares sugerem espanto, curiosidade, quem sabe inveja. De qualquer modo, todas parecem excitadas com o tema. Sim, elas dizem que "atendem" seus maridos, o sexo é, aparentemente, mais uma de suas "obrigações" domésticas (afinal, de uma esposa e mãe não se esperam arrebatamentos), mas o riso sugere que essa atividade não é propriamente desagradável. Cathy acompanha com um sorriso e um olhar atento (ou inquieto?) cada comentário, e não fala nada. É provável que ela compare sua vida sexual com os relatos das amigas e que se lembre que Frank alegou cansaço quando ela o abraçara na cama depois do episódio da delegacia. A escassa procura de sexo por parte de Frank vai ser efetivamente melhor compreendida apenas quando ela o encontrar com outro homem no escritório.

Após essa surpreendente descoberta, o diálogo entre marido e mulher é penoso. Em casa, numa sala pouco iluminada, hesitantes, ambos ensaiam frases reticentes. Frank acaba confessando que teve "problemas, uma vez, há muito... muito tempo atrás...". Cathy pergunta se ele nunca conversou com ninguém a respeito e, diante da negativa, insinua: "Deve haver pessoas... porque... caso contrário... eu não sei...". Frank concorda, então, em buscar ajuda médica.

Cathy personifica e assume a missão regeneradora da mulher. Ela precisa acreditar que detém esse suposto poder para enfrentar o que vem pela frente. Frank, por seu lado, dispõe-se ao tratamento, ainda que o médico não garanta "a completa reversão heterossexual". No espaço privado do consultório, ele promete: "Vou vencer essa coisa! Eu vou acabar com ela! Que Deus me ajude!".

Na sequência, duas cenas são especialmente significativas. A primeira se dá numa exposição de pinturas onde Cathy encontra acidentalmente Raymond acompanhado de sua filha. A conversa entre os dois no salão, presenciada pela elite branca local, é o gatilho para os comentários e as insinuações que vão tornar insustentável a amizade. Outro momento particularmente tenso é a festa anual da firma realizada na casa dos Whitaker. Durante o evento, enquanto Cathy circula atendendo os convidados com charme e graça, Frank bebe além da conta e compromete o usual padrão da reunião. Depois da festa, ele se descontrola e acaba por agredir a mulher quando ela tenta, sem sucesso, ajeitar as coisas.

Na impossibilidade de confidenciar até mesmo à melhor amiga o motivo de sua inquietude e o machucado no rosto, Cathy se refugia no jardim e encontra em Raymond a compreensão que lhe faz falta. Mais do que apenas ouvir, o jardineiro a convida a sair um pouco de seu pequeno mundo, mostrando-lhe uma parte da cidade que ela ignorava. Através da veneziana, a empregada observa a patroa entrar no carro de Raymond e, pelo seu olhar, percebemos o quanto Cathy está contrariando as regras daquela sociedade. O passeio inocente apresenta a ela um outro universo, frequentado pela comunidade negra, onde Cathy se vê como figura destoante, objeto de estranhamento.

A curta escapada da rotina não deixa de ser notada e é exponencialmente ampliada pelos comentários maldosos da fofoqueira da cidade.

Precipita-se assim o drama. Frank assume a posição do marido indignado e confronta Cathy. Ela se vê obrigada a despedir Raymond e a romper com a incipiente amizade. Raymond, por sua vez, conclui que é impossível continuar a viver naquela cidade, onde é criticado até mesmo pela comunidade negra. Na tentativa de recolocar suas vidas nos eixos, os Whitaker saem de férias. Mas, contrariando o planejado, durante a viagem Frank acaba por encontrar um jovem, vê reacender seu desejo e decide, afinal, pedir o divórcio.

Assim se fecha a narrativa e se sugere o destino dos três personagens principais. Na última cena, retornamos com Cathy à mesma estação de trem da abertura. Da plataforma ela vê Raymond partir e acena, com um sorriso triste, enquanto o vagão se afasta. A câmera sobe, e do alto vemos novamente a praça e as árvores, agora numa paisagem de primavera.

Todd Haynes não nos oferece o tradicional *happy end*. Cathy e Raymond não terminam juntos. Frank, ainda que tenha assumido seu desejo proibido, aparece num quarto de hotel barato, afastado do emprego prestigiado, aparentemente sem qualquer vestígio do antigo poder.

Sem arremates confortadores, com eventuais possibilidades deixadas em aberto, *Longe do Paraíso* intriga mais do que simplesmente repete os melodramas românticos antigos. O estranhamento e a familiaridade que sentimos na abertura permanecem, mesmo depois que as luzes se acendem. Não propriamente ou não somente pelo *unhappy end* (afinal, também nos anos 1950 algumas histórias acabaram assim), mas por uma série de indícios, nuances, situações que sugerem rupturas e descontinuidades a par de tantas semelhanças.

É verdade que racismo e homossexualidade já haviam sido abordados em alguns filmes clássicos, mas sempre tratados de modo sinuoso ou, no caso da sexualidade, disfarçado. Não dá para esquecer que, naquela época, ainda estava em vigor o Código Hays[2] de censura sobre o cinema americano e que, entre suas inúmeras e detalhadas normas, constava a proibição de cenas sugestivas de sexo fora do casamento heterossexual, bem como de relacionamentos amorosos inter-raciais. Esse conjunto rigoroso de regras fazia parte dos discursos e dos medos que assombravam a sociedade americana e ocidental de então: a liberação feminina, a homossexualidade, a delinquência juvenil, o comunismo...

No filme de 2002, seria de supor que esses entraves estariam superados. Efetivamente, a homossexualidade de Frank é mostrada sem disfarces. A cena do beijo no escritório, que desvela para Cathy o segredo do marido, e, adiante, as carícias trocadas com o jovem louro, ambos em trajes de banho numa escapada da piscina do hotel, não deixam dúvidas sobre o caráter dos relacionamentos. Não há dissimulação do desejo sexual, não há sugestão de que o personagem é "muito sensível", ou "excêntrico", ou "infantil", como faziam os filmes antigos.[3] Ainda assim, essas cenas parecem receber um tratamento especial. Conforme observam analistas especializados, o diretor emprega iluminação e posicionamento de câmera distintos, emprestando-lhes um tom *noir* que contrasta com o que é empregado no restante do filme. Esse mesmo enquadramento também acompanha Frank em suas andanças noturnas, no bar gay ou numa escura sala de cinema frequentada por homens.

O estigma do desejo proibido fica evidente não apenas pelo tormento de Frank, por suas tentativas frustradas de "conversão" heterossexual, por suas demonstrações de machismo, mas também pela angústia de Cathy, que, quase ao final da narrativa, desabafa à amiga: "O mais terrível nisso tudo foi o silêncio interminável".

A sexualidade desviante continua carregada de culpas e de castigos, ainda que seja apresentada de forma explícita. Frank não é recompensado por "sair do armário". Seu jovem parceiro permanece como uma figura não apenas secundária, mas praticamente despersonalizada: ele não tem nome e não tem falas no filme. É pelo olhar da mulher que o diretor nos faz acompanhar o drama. É Cathy que recebe o foco e a simpatia todo o tempo.

É também na sua perspectiva que acompanhamos o relacionamento com Raymond. O encontro entre a dona de casa branca e o jardineiro negro é pontuado por expressões de afinidade e compreensão que sugerem uma amorosidade crescente. Tudo se desenha por meio de gestos de afeto contido. O romance entre os dois permanece mais como uma promessa do que como uma realização. Quando se vê afastada de Raymond, Cathy confidencia à amiga: "Eu penso nele". Eleanor não esboça qualquer sinal de acolhimento. Longe disso, se mostra chocada com a revelação: "Não tenho o que dizer. Com certeza fiz o papel de idiota defendendo você das acusações...".

Todd Haynes repete, obviamente, o par patroa/jardineiro vivido por Jane Wyman e Rock Hudson em *Tudo o que o céu permite*. A mesma indiscrição e rejeição da comunidade, a mesma incompreensão dos amigos e familiares – tudo, nesse caso, potencializado pela diferença de raça.

O confronto racial, presente na sociedade americana, aparece como subtexto em *Longe do Paraíso*. O relacionamento entre Cathy e Raymond é visto como inconcebível e ganha, portanto, o caráter de escândalo. Efetivamente, a figura de Raymond, tal como é interpretada, já se mostrava destoante ou deslocada aos olhos da comunidade antes mesmo da indicação da amizade ou romance com Cathy. Ele parece peculiar não só por circular, com propriedade e desenvoltura, numa galeria de arte, mas por sugerir uma segurança e uma altivez que não se ajustavam ao lugar subordinado então destinado aos negros.

Nos filmes clássicos, os personagens negros foram, quase sempre, representados como coadjuvantes, atuando como apoio ou contraponto aos protagonistas, invariavelmente brancos. Raymond, no entanto, tem história e vida próprias, é viúvo, tem uma filha e um pequeno negócio; bem-educado, sua linguagem e seus gestos são elegantes e sóbrios; o personagem é, afinal, o par romântico da protagonista.

Sybil, a outra personagem negra que participa da trama, parece estar mais próxima dos papéis tradicionais. Inspirando-se em *Imitação da vida*, Haynes reproduz a relação de confiança e lealdade entre a patroa branca e a empregada negra. Mas, diferentemente do filme de 1959, o papel de Sybil não chega a ser decisivo para o desenvolvimento da trama. A ligação afetuosa entre as duas mulheres sugere, antes de tudo, que a empregada é uma figura de apoio para Cathy. Ela se mostra indispensável não apenas para a manutenção da ordem e da paz domésticas, mas também por representar a referência da realidade. Sybil tem os pés no chão; ela está atenta às coisas efetivamente relevantes do dia a dia, àquilo que é, ou deve ser, prioritário. É para ela, portanto, que Cathy irá se voltar em busca de segurança quando tudo parece estar desmoronando no seu entorno.

O efetivo conflito racial é colocado à distância naquela comunidade. "Não que eu seja contra a integração", diz alguém durante a festa dos Whitaker. "O que aconteceu em Little Rock poderia ter acontecido aqui", comenta uma mulher, enquanto outro convidado contesta: "Não, não aconteceria... por causa do governador... e porque aqui nós não temos negros". A câmera segue pela sala e mostra os discretos (e invisíveis) empregados negros servindo bebidas e canapés.

Aparentemente não há uma ruptura expressiva na forma de tratar as complexas questões sociais. Tal como nos melodramas clássicos, elas são tocadas numa ótica pessoal, apresentadas através da voz de um ou de outro personagem, marcadas pelos seus sentimentos, seu sofrimento ou, eventualmente, sua coragem e rebeldia. Não há uma abordagem mais política ou um enfoque social mais amplo. Mas, de algum modo, as questões estão lá.

Afinal, o que intriga nesse filme? Apesar de tantas semelhanças, o que o distingue e o faz original? *Longe do Paraíso* parece manter, propositalmente, a sensação de estranhamento e artificialismo. A utilização das cores, do brilho ou dos enquadramentos dos antigos filmes em *technicolor* não é, pura e simplesmente, uma imitação dos clássicos melodramas. Há, aqui, decididamente uma intenção de preservar o caráter de "cenário", de "coisa feita". Tudo é "cinematográfico".[4] Tudo é excessivo. Haynes nos faz desconfiar do drama que estamos acompanhando. Apesar das inúmeras similaridades, não mergulhamos no filme como fazíamos naqueles dos anos 1950. O diretor não nos deixa acreditar que tudo aquilo – a paisagem, os personagens, seus tormentos e seus amores – possa de fato acontecer na "vida real". Até o fim, somos levados a manter certo distanciamento. O artificialismo é a grande "jogada" desse filme.

Haynes replica e reinventa o melodrama. Segue seu ritmo lento; aproveita, generosamente, a música para marcar as paixões e os conflitos; recria com minúcias e fidelidade os modos da época. Faz uso de um adereço de Cathy, uma echarpe lavanda, para pontuar, com delicadeza, alguns momentos decisivos da narrativa: arrancada pelo vento dos cabelos da mulher, a echarpe flutua sobre o jardim, é resgatada por Raymond e serve de pretexto para uma conversa mais pessoal; volta a ser usada, adiante, quando os dois saem juntos para explorar os arredores da cidade; por fim, esquecida no fundo do bolso de um casaco, é reencontrada por Cathy, que a coloca sobre os cabelos para a despedida na estação de trem. Como que fechando um círculo, a última cena remete à primeira. Repete-se o mesmo cenário, a praça, as árvores, a estação de trem. As cores, no entanto, são outras, é primavera, tudo está renascendo.

Notas

1. O diretor, Todd Haynes, é considerado pioneiro no movimento chamado *New Queer Cinema*, surgido a partir dos anos 1990.
2. O Código Hays (https://goo.gl/2StgWy) era o conjunto de regras de censura para a produção de filmes americanos com o objetivo de preservar os "padrões morais" tradicionais daquele país. Tratava de temas tais como crime, sexo, religião, dança, sentimento nacional, entre outros, determinando, com detalhes, como abordá-los e filmá-los. Entre seus vetos constava a proibição de cenas de nudez ou sugestivas de nudez, a "vulgaridade" e a "obscenidade". O código foi formulado e adotado pela Association of Motion Picture Producers e pela Motion Picture Producers and Distributors of America em 1930. Passou a vigorar a partir de 1934, estendendo-se, oficialmente, até 1956. Seu impacto perdurou, contudo, pelo menos até o final da década de 1960.
3. Frequentemente os personagens homossexuais eram apresentados nos filmes americanos como tendo outros "problemas". Robert Patrick (no prólogo do livro de Boze Hadleigh) conta que "o problema" de Mickey Rooney era "ser baixinho", em seu papel do letrista gay de *Words and Music* (*Minha vida é uma canção*), de 1948, e o de John Kerr, em *Tea and Sympathy* (*Chá e simpatia*), de 1956, era "ser muito sensível".
4. Nos extras do filme, disponíveis no DVD, Mark Friedberg (*production designer*) comenta que sua profissão "é fazer cenários que não pareçam cenários", mas conta que, nesse filme, o diretor afirmou que desejava precisamente o oposto, ou seja, que o cenário parecesse efetivamente um cenário. Segundo Mark, tudo foi projetado "dentro do mundo do cinema"; não se tratava, propriamente, de recriar 1957, mas do modo "como 1957 seria representado num estúdio de Hollywood".

Calções, saias e crinolinas

Orlando: uma biografia

AUTORA: Virginia Woolf | Belo Horizonte: Autêntica, 2015
TRADUÇÃO: Tomaz Tadeu

Um "arremedo de biografia", avisa o tradutor na contracapa; um clássico da literatura, afirmam os críticos; um livro escrito para se divertir, diz a autora.

Para construir essa paródia das convenções da literatura biográfica de sua época, Virginia toma como referência, ou melhor, como modelo, Vita Sackville-West, com quem tivera um breve e intenso caso amoroso. Orlando, tal como Vita, é aristocrata e, ao iniciar a narrativa, vive na Inglaterra do século XVI. Ele é, então, um jovem homem. Ao longo de quatro séculos, vive estranhas aventuras, parte para Constantinopla, transforma-se numa mulher, retorna ao seu país de origem, sentindo as dores, os prazeres e os amores de ambos os gêneros. Curiosamente, Orlando não experimenta o envelhecimento, a decadência ou a morte.

O romance se inicia com uma afirmação categórica: "Ele – pois não podia haver nenhuma dúvida sobre o sexo, embora a moda da época contribuísse para mascará-lo – estava golpeando a cabeça de um mouro que pendia das vigas".

Orlando tem então 16 anos e, possivelmente em razão de sua beleza ou de seus modos, cai nas graças da rainha, que decide levá-lo para a corte. Por ser ainda um rapazote, a par de atender a rainha, ele se diverte com as moças que se mostram disponíveis, e, assim fazendo, não fazia "nada mais do que aquilo que a natureza lhe ditava", diz seu biógrafo.[1] Por isso Orlando fica perturbado quando, durante a Grande Geada, se percebe fascinado com a desenvoltura de um exímio patinador. Conclui que se trata de um rapaz – "nenhuma mulher conseguiria patinar com tanta rapidez e energia". Daí seu quase desespero:

> Orlando estava prestes a arrancar os cabelos, pelo desgosto de ver que a pessoa era de seu próprio sexo, e quaisquer intimidades estavam, assim, fora de questão. Mas a pessoa que patinava chegou mais perto. As pernas, as mãos, a postura eram de rapaz, mas nunca rapaz nenhum teve boca assim; rapaz nenhum teve esses seios [...] Por fim [...] a criatura sobre patins se deteve. Não estava a mais que um palmo de distância. Era uma mulher.

A constatação lhe traz alívio. O desespero se desfaz. Orlando vai cair de amores pela jovem e ainda vai sofrer muito por essa fascinação, mas pelo menos vê assegurada a coerência entre seu sexo, seu gênero e sua sexualidade (o que, temos de admitir, parece ser, desde há muito, uma das maiores preocupações da humanidade!).

Trajes, comportamentos, habilidades ou gestos podem, por vezes, se mostrar enganadores, dissimulando ou dificultando a identificação dos gêneros. Essa perturbadora dúvida acontece mais de uma vez ao longo da vida de Orlando. Num primeiro momento, é o suposto rapaz que se revela uma adorável jovem que patina no gelo; em outro, é uma velha dama de olhos esbugalhados e vestida de um modo ridículo que, passado um tempo, ressurge e, despojada de suas roupas, revela-se um homem, um arquiduque. As modas e os modos da época, as capas e os calções adiam a pronta definição dos sexos. Mas Orlando não é apenas uma vítima dessas indefinições, pelo contrário, delas também saberá tirar proveito. A ambiguidade pode ser útil, em alguns momentos.

Enviado como embaixador a Constantinopla, experimenta a rotina dos dias ociosos ou ocupados com visitas e salamaleques diplomáticos, até que cai num transe ou num sono profundo durante sete dias. Três figuras o visitam durante o transe: a Pureza, a Castidade e a Modéstia. As três pretendem resguardá-lo de qualquer perturbação. No entanto, apesar de seus esforços, não conseguem seu intento e são expulsas pelas trombetas da Verdade. Orlando desperta finalmente ao som das trombetas, ergue-se da cama e, de pé, em completa nudez, é imperativo constatar que ele se transformara numa mulher. Sabemos então que as três irmãs, "a Castidade, a Pureza, a Modéstia, inspiradas, sem dúvida, pela Curiosidade, espiaram pela porta, jogando sobre a despida forma, como se fosse uma toalha, uma roupa qualquer". Mas o gesto, que visava encobrir o corpo, não alcança o resultado: a roupa erra o alvo.

A cena pode ser sugestiva: não me parece simples acaso que as três personagens que buscam encobrir a Verdade, que tentam impedir que a nua Verdade se revele, sejam figuras ligadas ao feminino, ou melhor, a uma recorrente idealização do feminino. Em nome da modéstia, da pureza e da castidade, esperava-se (ou esperou-se) durante séculos que as mulheres guardassem seus corpos, escondessem seus desejos, dissimulassem seus prazeres. Então, como o corpo de Orlando se revela como o de uma mulher, seria imperativo seguir tais preceitos.

Curiosamente, nessa história inusitada, a passagem de um gênero para outro se faz sem transtornos. "A mudança parecia ter se dado de forma tão indolor e cabal que nem mesmo Orlando demonstrava qualquer surpresa com ela", diz o biógrafo. Ele se tornara ela. "Mas, em tudo mais, continuava exatamente como ele fora. A mudança de sexo, embora lhe alterasse o futuro, em nada contribuiu para lhe alterar a identidade", segue o narrador. A transição parece surpreendentemente simples, pelo menos nesse primeiro momento. As agruras e os privilégios do novo sexo, melhor seria dizer do novo gênero, Orlando iria experimentar pouco depois. Por enquanto, o que importa notar é que "combinavam-se, numa única forma, a força do homem e a graça da mulher".

Orlando arranja roupas femininas e, algum tempo depois, embarca num navio rumo à Inglaterra. E é ali, no navio, pelo olhar dos marinheiros, pela gentileza do capitão e pelo embaraço da saia que se enreda em suas pernas e lhe atrapalha o andar, que ele, ou melhor, ela (pois agora se trata de uma dama) vai começar a perceber os "privilégios" e "as penalidades" de sua posição. Os discursos que se faziam então sobre as mulheres, as qualidades que delas se exigiam e que, enquanto fora um homem, ele tanto repetira quanto ignorara, agora passam a lhe importar, ou talvez fosse melhor dizer que passam a lhe pesar. "Agora, sinto na própria pele o quanto custam esses desejos", refletiu:

> pois as mulheres não são (a julgar por minha própria e breve experiência neste sexo) obedientes, castas,

perfumadas e lindamente apresentáveis por natureza. Elas só adquirem essas graças, sem as quais não podem gozar de nenhum dos prazeres desta vida, à custa da mais tediosa disciplina.

O que faz um gênero, afinal? Talvez não bastem, como Orlando irá logo perceber, a presença ou a ausência de determinados órgãos, a fartura ou a carência de pelos, de mamas ou seja lá o que for que se usa para dizer que alguém é macho ou é fêmea. O empreendimento parece ser muito mais complexo, implica muito mais energia e investimentos. O gênero implica a "contínua estilização do corpo", diz Judith Butler. Um processo que, como se sabe, se inicia antes mesmo do nascimento. Mas, para Orlando, as "sagradas obrigações da feminilidade" não haviam sido ensinadas desde a infância. Orlando teria de aprender novas regras. Não, talvez seja melhor dizer que Orlando começava a observar as "normas regulatórias" de sua sociedade e do seu tempo a partir de outra posição.

Essa mudança de lugar era acompanhada de alguma impaciência e até de exasperação. Abalava-se sua opinião sobre os homens – Orlando lamentava que eles fossem capazes de atos insensatos simplesmente para apreciar os tornozelos de uma jovem ou para ganhar sua admiração. Reprovava também as mulheres, que se submetiam ao papel de tolas e aceitavam ser privadas de instrução. Orlando experimentava uma situação inusitada, pois conhecia os segredos, as vantagens e as fraquezas dos dois gêneros.

É então que o narrador vai chamar a atenção para um importante detalhe: "como todos os amores de Orlando tinham sido mulheres, agora, em virtude da condenável morosidade do corpo humano em se adaptar às convenções, embora ela própria fosse mulher, era ainda de mulher que ela gostava; e se a consciência de ser do mesmo sexo do objeto dessa preferência tinha qualquer efeito era o de reavivar e aprofundar aqueles sentimentos que tivera quando homem". Não há espanto nem censura. Orlando tinha preferido as mulheres enquanto fora homem e, como o gênero não se faz de um só golpe, como o gênero não se faz com um ato, mas através de muitos e muitos atos repetidos, então, por certo, um corpo demora para assumir um gênero (efetivamente leva toda a vida para fazer isso!). Sendo assim, enquanto se faz como um sujeito feminino, Orlando, como assinalou seu biógrafo, mantém sua memória e mantém também seu desejo pelas mulheres. Na contramão daquilo que as convenções e as normas sociais exigiam, Orlando "reaviva" sua preferência pelas mulheres, porque agora as conhece mais profundamente, já que é uma delas.

Se antes, como rapazote, Orlando tinha se desesperado por supor que a adorável patinadora que o fascinava era, assim como ele, um homem (o que implicaria a ruptura da norma heterossexual), agora isso não parecia se constituir num tormento. A heteronormatividade, que prevê uma única e coerente articulação entre sexo-gênero-sexualidade, vai ser contrariada por Orlando mulher. Sim, ela amaria mulheres. E ela também seria capaz de amar homens.

Sua trajetória extraordinária lhe permitirá manter e, por vezes, combinar atributos dos dois gêneros. Mais do que isso, lhe permitirá transitar entre um gênero e o outro. Uma vez que as roupas serviam para marcar ou indicar o sexo, Orlando descobre que pode usar diferentes trajes e, assim, se fazer passar ora por homem, ora por mulher. Para dissipar o tédio que sentia por se ver relegada, como mulher, ao interior da casa (ainda que vivesse numa mansão e não lhe faltassem criados e serviços), Orlando passa a escapar à noite e a circular pelas ruas vestida como homem. Assim perambula sem restrições pelos becos e tabernas e encontra prostitutas, com as quais passa muitas noites, conversando, ouvindo histórias. E, como enfatiza seu biógrafo, tira "grande prazer da companhia delas, criaturas de seu próprio sexo".

Manejando os modos e as roupas, Orlando desliza entre os gêneros; faz acontecer os dois gêneros, operando com os discursos que sobre eles circulavam. Todas essas mudanças pareciam, então, se realizar sem maiores dificuldades e sem culpa. Efetivamente, segundo seu biógrafo, não

> pode haver qualquer dúvida de que por esse artifício ela obtinha um duplo proveito; as experiências de vida se multiplicavam e os prazeres que dela extraía se ampliavam. Ela trocava a probidade das calças pela sedução das saias e desfrutava por igual do amor de ambos os sexos.

Mas, à medida que o tempo passa, os discursos se tornam cada vez mais distintivos no que se refere aos gêneros. Ao chegar ao século XIX, registra o narrador que "amor, nascimento e morte eram todos enroupados numa variedade de belas frases. Os sexos se distanciavam cada vez mais". Conta também que já não se suportavam as franquezas, e que dissimulações e evasivas eram utilizadas por ambos os lados. E continua, dizendo: "A vida da mulher era, em geral, uma sucessão de partos. Ela casava aos dezenove anos e quando chegava aos trinta já tinha quinze ou dezoito filhos; pois os gêmeos vinham em quantidade".

A moda e as roupas, mais uma vez, acentuam e materializam os discursos da época. Saias amplas sustentadas por incômodas crinolinas disfarçavam as sucessivas gestações, que, afinal, deviam ser vividas com recato pelas mulheres. E assim Orlando acaba por se render a tal vestimenta, ainda que não fosse casada. É claro que logo percebe o quanto essa roupa aparatosa lhe dificulta os passos, as caminhadas desembaraçadas que gostava de fazer pelos campos acompanhada de seus cachorros. O "espírito da época", como escreve o narrador, vai também impor a necessidade de "arranjar um marido". Orlando percebe que as mulheres que a cercam ostentam com orgulho suas alianças. Então, apesar de lutar contra essa sensação, ela passa a se envergonhar pela falta de um anel em sua mão esquerda.

É assim, nesse estado de espírito, que encontra, acidentalmente, aquele que se tornará seu par. Numa rapidez vertiginosa, Orlando e Marmaduke ficam noivos. Entendem-se imediata e completamente, adivinham gostos e preferências, antes mesmo de saberem o nome um do outro. Ele conta para ela suas aventuras pelos mares, ela ouve e compreende até mesmo o não dito, as insinuações e sugestões de sua narrativa. A harmonia é tão imediata que Marmaduke pergunta: "Tem certeza de que você não é homem?". E Orlando ecoa:

> Você não é mesmo mulher? [...] Cada um estava tão surpreso com a instantaneidade da compreensão do outro, e era para cada um uma revelação tamanha a possibilidade de que uma mulher pudesse ser tão tolerante e tão franca quanto um homem, e um homem tão estranho e tão sutil quanto uma mulher, que tinham de pôr a questão à prova imediatamente.

Ligavam-se, então, aos sexos, ou melhor, a cada um dos gêneros, distintos atributos morais, qualidades e aptidões, de tal modo que se entendia que esses seriam inatos ou naturalmente desenvolvidos. (Suposição que, como bem sabemos, se estenderia para muito além daquela época!)

Então Orlando cumpriu o que se esperava de uma mulher de sua linhagem e de seu tempo. Casou-se, esperou o marido, que, de tempos em tempos se ausentava em grandes viagens, e teve um filho. Orlando também fez coisas que dela não se esperava. Ela seguiu o espírito da época mas também carregou consigo, como uma espécie de contrabando, desejos e práticas que, de algum modo, não poderia ou não deveria. "Orlando", diz seu biógrafo,

> tinha de tal maneira arranjado as coisas que estava numa posição extremamente feliz; não tinha nem de combater sua época, nem de se submeter a ela; a ela pertencia, mas continuava ela mesma. Agora, portanto, podia escrever, e era o que fazia. Escrevia. Escrevia. Escrevia.

Nos poemas de Orlando se insinuam (ou se revelam?) suas subversões.

Dessa forma, tendo cumprido e desobedecido a normas e convenções, amado mulheres e homens, transitado por distintos territórios, geográficos e de gênero, culturais e sexuais, Orlando chega ao século XX como uma mulher de 36 anos.

Sua existência fantástica e nossas existências ordinárias não são completamente distintas. Tal como Orlando, fazemos nossos corpos com os discursos de que dispomos, os discursos de nossa época. Seguimos e recusamos preceitos, adaptamos regras, cumprimos convenções, reinterpretamos e revertemos normas. De um modo ou de outro, não existimos sem esses discursos. De um modo ou de outro, eles "habitam nossos corpos", "eles se acomodam nos corpos", como diz Judith Butler. "Os corpos na verdade carregam discursos como parte de seu próprio sangue."

É verdade que não escolhemos um gênero como quem escolhe uma roupa num armário (e a analogia já foi feita e criticada por Butler). A possibilidade de agência e de escolha que Orlando parece exercer não se repete nas existências ordinárias. Nossa agência é constrangida, circunscrita por normas regulatórias, mas, paradoxalmente, isso não cala a subversão. Somos capazes de descosturar e reinventar as roupas, ou melhor, as regras que nos cabe adotar. Somos capazes de desconstruir e refazer. É em meio às possibilidades, meandros e fissuras das normas que agimos. E transitamos, tal como Orlando, por territórios ainda proibidos.

Notas

Palestra apresentada no IV Simpósio Nacional e II Simpósio Internacional Discurso, Identidade e Sociedade, realizado em Fortaleza, em dezembro de 2015.

1. O narrador (onisciente) de *Orlando* às vezes refere-se a si mesmo como *biographer*, palavra que, em inglês, obviamente, não carrega qualquer distinção de gênero. Quando é referido pelo pronome pessoal, entretanto, é sempre no masculino da terceira pessoa: *he* ou suas formas correspondentes. Isso não significa, entretanto, que Virginia Woolf atribua um sexo à pessoa que narra a "biografia" de *Orlando*. Ela apenas segue as convenções da época de usar o pronome masculino para se referir a alguém que pode pertencer tanto a um sexo quanto a outro, que é justamente a situação do narrador (onisciente) tradicional. Aqui, seguindo Virginia, usarei sempre, nesse caso, a forma masculina.

Flor de açafrão

Mrs Dalloway

AUTORA: Virginia Woolf | Belo Horizonte: Autêntica, 2012
TRADUÇÃO: Tomaz Tadeu

The Hours

AUTOR: Michael Cunningham | New York: Picador, 1998

As horas

DIREÇÃO: Stephen Daldry | Estados Unidos, Inglaterra, 2002

"A Sra. Dalloway disse que ela mesma ia comprar as flores." A frase, aparentemente banal, abre um dos romances mais famosos de Virginia Woolf, *Mrs Dalloway*. Ela é também a chave de entrada na vida dessa mulher da alta sociedade londrina que se prepara para oferecer uma festa à noite em sua casa. É verão, início dos anos 1920. Clarissa Dalloway sai à rua em direção à floricultura. No trajeto, atravessa parques da cidade, encontra velhos conhecidos e cruza com outros personagens que vão constituir o tecido dessa história. Tudo se passa num só dia. Tudo culmina na festa.

Ao longo de décadas, *Mrs Dalloway* tem sido alvo de análises e críticas, apontado como revolucionário e precursor de uma nova estética na ficção. Seja como for, o que me move é a impressão ou os efeitos que o romance produz ou pode produzir. Coloco-me, aqui, em sintonia com a própria autora, que, na introdução escrita em 1928,[1] afirma que não se deve esperar do leitor que ele dedique "um único pensamento ao método do livro ou à sua falta de método". Virginia considera que o leitor "está preocupado apenas com o efeito do livro como um todo sobre a sua mente".

Certamente *Mrs Dalloway* provocou muitos e distintos efeitos sobre seus leitores e leitoras. Um deles resultou no livro de Michael Cunningham, *As horas*, publicado em 1999. Uma homenagem ou uma derivação,[2] o romance de Cunningham ecoa *Mrs Dalloway*, entrelaçando a história de três mulheres que vivem em momentos e lugares distintos: a própria Virginia Woolf, num subúrbio de Londres, em 1923; Laura Brown, em Los Angeles, em 1949; e Clarissa Vaughan, em Nova York, no final do século XX. O prólogo do romance é o suicídio de Virginia, recriado a partir da carta que ela deixou para seu marido, Leonard. As três histórias se intercalam e se tocam através dos sentimentos, dos modos e dos movimentos dessas mulheres. A possibilidade do suicídio também acompanha suas histórias.

O romance de Cunningham foi, pouco tempo depois, transposto para o cinema. No filme homônimo,[3] o diretor Stephen Daldry segue a mesma estrutura do livro. A impactante cena do suicídio de Virginia serve como prólogo para apresentar e entremear, dali em diante, as histórias das três mulheres, ou melhor, a passagem de um dia em suas vidas. Virginia está iniciando um novo romance, indecisa sobre a frase que deve abrir o livro.

Laura escapa do tédio da vida doméstica na leitura ávida de *Mrs Dalloway*, e Clarissa revive, com desembaraço, os passos da Sra. Dalloway: vai comprar flores e dar uma festa. Evidentemente, na tela, outros recursos são mobilizados para criar as linhas de conexão entre essas mulheres que remetem uma a outra nos gestos, olhares, circunstâncias.

A protagonista do livro original, Clarissa Dalloway, reverbera nas demais personagens. Ela "tinha sempre o sentimento de que viver, mesmo um único dia, era muito, muito perigoso". O sentimento era acompanhado pela preocupação do julgamento dos outros. Ela queria que "as pessoas ficassem contentes quando ela chegava". Ela tinha dúvidas se conseguia ser, efetivamente, a "perfeita anfitriã", posição que frequentemente ocupava como esposa de um membro do parlamento e que, na festa desta noite, mais uma vez teria de representar. A insegurança e a sensação de inadequação eram recorrentes em sua vida.

A Virginia recriada por Cunningham experimenta sentimentos semelhantes. Pensa, no momento da morte, que deve ter falhado, que "não é, na verdade, nenhuma escritora; é apenas uma excêntrica talentosa".[4] Ao longo da vida, quantas vezes se sentira insegura, com dificuldades para realizar tarefas banais como dar ordens à criada. Invejava a irmã Vanessa, que, tal como sua mãe, conseguia lidar com essas tarefas domésticas tão bem, com tamanha adequação! Uma sabedoria do dia a dia, um discernimento de dona de casa que ela não dominava. O mesmo acontece com Laura Brown. Ela se vê pouco à vontade em funções nas quais outras mulheres, certamente, costumam se sair bem. "Nem sempre consegue se lembrar de como uma mãe deve agir" e, agora, sente-se incapaz de levar a efeito um simples projeto: fazer um bolo para o aniversário do marido. Até mesmo Clarissa Vaughan, também ela, que vive na grande metrópole nova-iorquina com uma companheira, é assaltada por inúmeras dúvidas, enquanto prepara a festa que vai dar mais tarde em homenagem ao amigo Richard.

Cada uma experimenta, a seu modo, o medo do julgamento dos outros. Uma visita inesperada de alguém do passado ou simplesmente de uma vizinha; até mesmo a chegada antecipada da irmã carregando os filhos provoca uma avalanche de emoções e questionamentos. O que pensariam dela? Estaria com aparência de velha? Ainda desarrumada e a casa em desalinho a essa hora do dia? Ocupada com frivolidades, festas e flores, como sempre?

Mulheres, possivelmente mais do que homens, têm sido educadas para viver na expectativa de serem julgadas. Parece que faz parte das pedagogias da feminilidade o receio de não corresponder ao que, supostamente, delas é esperado. São capazes de se submeter a comparações com figuras exemplares invisíveis que seriam mais amorosas ou protetoras, mais habilidosas ou competentes, mais interessantes ou mais agradáveis ao olhar.

Por vezes, experimentam o receio de desaparecer no outro:

> Ela tinha a mais estranha sensação de ser, ela própria, invisível; imperceptível; ignota; agora sem um casamento à frente, agora sem filhos a dar à luz [...] apenas isso de ser a Sra. Dalloway; nem sequer Clarissa mais; isso de ser a Sra. Richard Dalloway.

O casamento, aparentemente aguardado, é o lugar da segurança. No entanto, pode se revelar, ao mesmo tempo, um fardo, uma prisão sufocante. Laura, a garota que amava ficar em paz, sozinha com seus livros, pensa, às vezes, muito brevemente, que talvez pudesse ter tido algum brilho. Mas se casou com Dan, tem um filho, espera outro.

> Pergunta-se, enquanto empurra um carrinho pelo supermercado ou arruma o seu cabelo, se as outras mulheres não estão todas pensando, de um jeito ou outro, a mesma coisa. Eis aqui uma mente brilhante, a mulher de tristezas, a mulher de alegrias transcendentes, que preferiria estar noutro lugar, que aceitou cumprir tarefas simples e essencialmente tolas, apalpar tomates, ficar sentada debaixo de um secador de cabelo, porque é sua arte e seu dever.

Há momentos em que se deixa levar por esses pensamentos. Laura vacila. Depois pensa que "parece que vai ficar bem. [...] Não se lamentará pelas possibilidades perdidas [...]. Continuará devotada ao filho, ao marido, à casa e aos seus deveres, a todos os seus dons". Ela se põe, então, em consonância com tudo o que dela esperam.

Parece à Sra. Dalloway ou a Laura que, de algum modo, a estabilidade do casamento é capaz de apartar as grandes emoções. Às vezes Clarissa Vaughan pensa o mesmo sobre sua relação com Sally, que já perdura mais de dez anos. A paixão e o arrebatamento teriam ficado no passado (ou poderiam ser recuperados num gesto de ruptura, no futuro?). Seria possível partir, ser livre, escapar do outro ou, quem sabe, escapar da vida?

A memória das paixões traz junto a lembrança dos corpos jovens: de seus próprios corpos — nos quais constatam, dia a dia, marcas e falhas — e dos corpos dos antigos amigos e amigas, dos velhos amores, alguns há muito distantes, preservados e ilusoriamente intocados. Antes da festa, Clarissa Dalloway busca se convencer de que não era velha ainda. Acabava de entrar no seu quinquagésimo segundo ano. [...] Quantos milhões de vezes tinha visto o seu rosto, e sempre com a mesma e imperceptível contração! Fazia biquinho com os lábios quando olhava no espelho. Era para dar ao rosto um aspecto afilado.

A figura fictícia de Virginia, no romance de Cunningham, provoca reflexões no marido. Leonard observa a mulher e percebe que

> às vezes ainda é surpreendido por ela. É possível que ela seja a mulher mais inteligente da Inglaterra, pensa ele. É possível que seus livros sejam lidos pelos séculos afora. Acredita nisso mais ardentemente do que qualquer outra pessoa. E ela é sua mulher.

Ao mesmo tempo, Leonard reconhece que

> ela envelheceu mais dramaticamente neste ano, como se uma camada de ar tivesse vazado de sob sua pele. Ficou enrugada e emaciada. [...] Ela ainda é majestosa, ainda requintadamente formada, ainda senhora de sua formidável radiância lunar, mas de repente não é mais bela.

O envelhecimento acompanha, inevitavelmente, a vida de todos. Não rouba apenas o viço e a firmeza dos corpos, também pode apagar a força dos sonhos. Assombra mulheres e homens. O encontro com Clarissa Dalloway também fizera Peter Walsh confrontar-se com o passado, com a lembrança do amor de juventude. Tal como ela, Peter quer se convencer de que "não estava velho, ou acomodado, ou murcho, de maneira alguma". Mas lembra que não era mais o socialista que tinha sido quando jovem. Muitas coisas pareciam diferentes agora.

Efetivamente o mundo em que vivem esses personagens (e a própria escritora) se transformava. A guerra terminara há pouco e deixara profundas marcas na sociedade. Outros discursos circulavam, sugerindo mudanças nas relações pessoais e sexuais, perturbando e diversificando representações tradicionais de feminilidade e masculinidade, mexendo com instituições consagradas, tais como o casamento e a família. Os questionamentos de Clarissa Dalloway são sugestivos. O casamento com Richard, a posição social que ocupa, sua habilidade para entreter pessoas, promover festas, tudo isso parece lhe indicar que fez a escolha certa, que este é o seu lugar. Mas ela não pode negar que tinha se agitado quando Peter apareceu inesperadamente em sua casa. Com ele tinham voltado, subitamente, por alguns momentos, o alvoroço e a emoção. "Se tivesse me casado com ele, esse contentamento teria sido meu o dia todo!"

Clarissa sente que alguma coisa se perdera ao longo de seu casamento com Richard. Deitada em seu quarto, lendo, "não conseguia se livrar de uma virgindade que sobrevivera ao parto e que se grudava nela como um lençol". Faltava-lhe algo, não propriamente beleza ou inteligência, mas "era alguma coisa central e penetrante; alguma coisa calorosa que rompia superfícies e fazia reverberar o frio contato entre homem e mulher ou entre mulheres". Ela percebia tudo isso e observava que, por vezes, era capaz de sentir, por uma mulher, "o que os homens sentiam".

> Por um instante apenas, mas era o suficiente. Era uma revelação súbita, um clarão, como um rubor que tentamos reprimir e depois, à medida que se difunde, rendemo-nos à sua expansão [...] um fósforo queimando dentro de uma flor de açafrão; um significado interior quase impronunciado.

Clarissa recorda Sally Seton, a garota vivaz e ousada que tinha sido uma amiga muito especial da juventude. Lembra que Sally tinha "uma espécie de despudor, como se pudesse dizer qualquer coisa, fazer qualquer coisa". As duas ficavam horas "conversando sobre a vida, sobre como iam reformar o mundo". Clarissa se dá conta de que o sentimento que tinha por Sally era único e lembra que sentia "um arrepio de excitação" quando se preparava para encontrar a amiga para o jantar. Tudo e todos lhe pareciam pouco importantes, como se fossem "apenas pano de fundo para Sally". Aconteceu, então, "o momento mais extraordinário de toda a sua vida. Sally parou; arrancou uma flor; beijou-lhe os lábios".

Passado tanto tempo, Clarissa ainda guarda esse momento como precioso. Acredita que o sentimento que tivera (ou ainda tem?) por Sally era diferente do "que se tem por um homem". Agora uma mulher madura, ela pode comparar. Pensa que era um sentimento desinteressado, alguma coisa "que só podia existir entre mulheres". Então se pergunta: "Isso não tinha sido amor, afinal?".

O beijo entre mulheres é replicado pelas personagens de *As horas*. Virginia beija sua irmã, Vanessa, num momento em que estão quase para se despedir, na cozinha da casa. Aparentemente um beijo fortuito que acontece enquanto a cozinheira está de costas para elas. Mas Virginia transforma esse beijo. Na imagem filmada fica evidente a forte emoção que dirige seu gesto. Virginia segura a cabeça da irmã, que se mostra surpresa, e beija-a na boca quase com desespero, como se buscasse sugar-lhe a vida. Vanessa retribui. Sufocada pela rotina do subúrbio onde mora com o marido, Virginia inveja a irmã e deseja, ardentemente, voltar para Londres. Pensa, pouco depois, que "o beijo era inocente – inocente na medida certa – mas também era pleno de algo nada diferente daquilo que [ela] quer de Londres, da vida". O beijo parecera-lhe, na verdade, "o mais delicioso e proibido dos prazeres".

Na história de Laura também acontece um beijo inusitado, quando Kitty, a vizinha que aparece sem aviso, chora, amedrontada com a cirurgia que terá de fazer naquela tarde. Consolando a amiga, Laura a abraça, seus rostos ficam muito próximos e os lábios se unem. Há, entre elas, um olhar amoroso, um breve momento de intimidade, em seguida interrompido por frases banais. Encostado num canto da cozinha, o filho pequeno observa a cena.

Qual seria a fronteira entre a amizade e o amor entre mulheres? Haveria alguma? O beijo que trocaram implicava que elas tinham ido "longe demais"? Laura pensa sobre isso, mas, em seguida, observa que a amiga se despedira naturalmente, sem pressa. Mais tarde,

> toca os lábios, onde o beijo de Kitty se alojou por um instante. Não se importa tanto com o beijo, o que ele implica e o que não implica [...]. O amor é coisa profunda, um mistério – quem quer compreender cada uma de suas particularidades? Laura deseja Kitty [...]. Laura deseja também Dan...

Na contemporânea Nova York, Clarissa Vaughan vive com a companheira aparentemente sem medo de provocar qualquer escândalo. Ela e Sally parecem casadas, observa o amigo Richard. Agora, ao raiar do século XXI, a união entre pessoas do mesmo sexo se tornou uma coisa mais visível, pelo menos nas grandes metrópoles. Mas Clarissa também experimenta alguma culpa ou dúvida por seus beijos. Não pelos beijos que troca, cotidianamente, com Sally. Mas por aqueles que trocou com Richard, nos tempos de juventude, quando os dois tinham vivido uma grande paixão e ele acabara por preferir, no fim, outro homem. Clarissa pensa também num beijo que acontecera hoje, lembra como desviara o rosto, evitando o beijo na boca que Richard pretendia lhe dar... Como é complicado o amor entre as pessoas! Não importa o sexo dos parceiros, tudo parece complicado, sempre complicado, mesmo agora...

As vidas dessas personagens podem estar distantes no tempo e no espaço, ainda assim elas partilham sentimentos, receios, impulsos. Clarissa Dalloway, Virginia Woolf, Laura Brown, Clarissa Vaughan têm, todas, afetos e desejos que transbordam fronteiras. Seus amores vão além do par estabelecido pelo casamento ou pela união de longa data. Elas desejam, também, outros parceiros e parceiras. Talvez não se possa dizer que elas se dividem entre seus afetos; mas sim que oscilam e deslizam entre eles; que os combinam, por vezes. Seus desejos, fluidos e provisórios, escapam das classificações; desconhecem as normas da sexualidade legitimada; extravasam os limites dos gêneros. Seus beijos podem ter sido mais ou menos furtuitos, mas acabaram por se tornar, de algum modo, perenes. A lembrança desses beijos ainda assombra, extraordinariamente, cada uma delas. Pode levá-las a questionar escolhas feitas, possibilidades abandonadas; pode levá-las a considerar, até mesmo, a continuidade ou o abandono de suas vidas.

Inocente, erótico, apaixonado, afetuoso, um beijo carrega, seja como for, o desejo de tocar o outro, física e emocionalmente. É o que move cada uma e todas essas mulheres. Num impulso realizam o gesto da intimidade. Normas e leis, da monogamia ou da heterossexualidade, são esquecidas ou desprezadas, pelo menos por alguns momentos. Poderão ser efetivamente abandonadas?

Clarissa Dalloway jamais esquece o beijo de Sally Seton. No entanto, assume o casamento e as convenções que lhe haviam sido destinados por sua classe e seu gênero. O amor da juventude (por Sally, mas também por Peter) permanece como lembrança de uma emoção e de um contentamento que poderiam ser (mas não são) parte de sua vida.

As personagens de Cunningham, ainda que espelhem a figura da Sra. Dalloway, não repetem, exatamente, seu destino. Laura, buscando escapar dos dias vazios do casamento, contempla a possibilidade do suicídio, e decide, por fim, abandonar não propriamente a vida, mas o marido e os filhos. Clarissa Vaughan realiza, sem culpas, a parceria lésbica que, anteriormente, apenas tinha sido esboçada por um beijo juvenil. Mas também ela lamenta o amor perdido de Richard... Por fim, Virginia, que criara a figura matriz, a Sra. Dalloway, se entrega ao gesto temido por todas e se mata. Na vida de cada uma permanecem questões sem resposta. Afinal, quem consegue definir o que é o amor? O que se faz com as perdas e com as possibilidades abandonadas? Como se vive cada dia, mais um dia?

Notas

1. Essa introdução escrita por Virginia Woolf apareceu somente na edição do livro publicada nos Estados Unidos em 1928 e não foi reproduzida em edições posteriores. Ela é recuperada, em 2012, na tradução brasileira realizada por Tomaz Tadeu para a Autêntica.

2. No longo comentário que Michael Cunningham faz, junto com Stephen Daldry, do filme *As horas* (disponível nos extras do DVD), ele usa a palavra *"riff"* para se referir ao seu livro. A expressão, sem tradução na língua portuguesa, é atribuída aos músicos de jazz que repetem alguns acordes ou frases musicais, tomando-os como base, ao mesmo tempo que constroem algo com identidade própria dentro da música.

3. O filme dirigido por Stephen Daldry, *As horas*, foi lançado em 2002. As três personagens principais foram interpretadas por Nicole Kidman (Virginia Woolf), Julianne Moore (Laura Brown) e Meryl Streep (Clarissa Vaughan).

4. A tradução das passagens do livro *The Hours* é de minha autoria.

Referências

Livros e escritos

ALVES, Andréa Moraes. *A dama e o cavalheiro: um estudo antropológico sobre envelhecimento, gênero e sociabilidade*. Rio de Janeiro: Editora FGV, 2004.

BRAIDOTTI, Rosi. Diferença, diversidade e subjetividade nômade. *Labrys, Estudos Feministas*, n. 1-2, jul.-dez. 2002. Disponível em: <http://www.unb.br/ih/his/gefem>. Acesso em: abril de 2017.

BUTLER, Judith. *Bodies That Matter: On the Discursive Limits of Sex*. New York: Routledge, 1993.

BUTLER, Judith. Como os corpos se tornam matéria: entrevista com Judith Butler. Trad. Susana Bornéo Funck. *Revista Estudos Feministas*, Florianópolis, v. 10, n. 1, jan. 2002. Entrevista concedida a Baukje Prins e Irene Costera Meijer.

BUTLER, Judith. Corpos que pesam: sobre os limites discursivos do "sexo". In: LOURO, Guacira (Org.). *O corpo educado: pedagogias da sexualidade*. Belo Horizonte: Autêntica, 1999.

CLIFFORD, James. *Routes: Travel and Translation in the Late Twentieth Century*. London: Harvard University Press, 1997.

CUNNINGHAM, Michael. *The Hours*. New York: Picador, 1998.

DEBERT, Guita Grin. A vida adulta e a velhice no cinema. In: GUSMÃO, Neusa Maria Mendes. *Cinema, velhice e cultura: cinedebate*. Campinas: Alínea, 2005. p. 25-43.

HADLEIGH, Boze. *Las películas de gays y de lesbianas: estrellas, diretores, personajes y críticos*. Traducción de Núria Pujol i Valls. Barcelona: Paidós; S.A.I.C.F., 1996.

JOYCE, James. *Os mortos*. Trad. Tomaz Tadeu. Belo Horizonte: Autêntica, 2016.

LOURO, Guacira. Chega de saudade. *Revista da FACED*, Salvador, n. 19, jan.-jun. 2011.

LOURO, Guacira. Cinema & sexualidade. *Educação & Realidade*, Porto Alegre, v. 33, n. 1, jan.-jun. 2008.

LOURO, Guacira. Destemidos, bravos e solitários: a masculinidade na versão western. *Revista Bagoas – Estudos Gays: Gêneros e Sexualidades*, Natal, v. 7, n. 10, 2013. Disponível em: <https://goo.gl/fmi95O>. Acesso em: abril de 2017.

LOURO, Guacira. O cinema como pedagogia. In: LOPES, Eliane M. T.; FARIAS FILHO, Luciano; VEIGA, Cynthia (Org.). *500 anos de educação no Brasil*. Belo Horizonte: Autêntica, 2000. p. 423-446.

LOURO, Guacira. *Um corpo estranho: ensaios sobre sexualidade e teoria queer*. Belo Horizonte: Autêntica, 2004.

LOURO, Guacira. Viajantes pós-modernos II. In: LOPES, Luiz Paulo da Moita; BASTOS, Liliana Cabral (Org.). *Para além da Identidade: fluxos, movimentos e trânsitos*. Belo Horizonte: Editora UFMG, 2010. p. 203-213.

SALIH, Sara. *Judith Butler e a teoria queer*. Trad. Guacira Lopes Louro. Belo Horizonte: Autêntica, 2012.

SONTAG, Susan. Notas sobre o camp. Disponível em: <https://goo.gl/g5KRck>. Acesso em: 30 abr. 2017.

VUGMAN, Fernando Simão. Western. In: MASCARELLO, Fernando (Org.). *História do cinema mundial*. Campinas: Papirus, 2008. p. 159-175.

WOOLF, Virginia. *Mrs Dalloway*. Trad. Tomaz Tadeu. Belo Horizonte: Autêntica, 2012.

WOOLF, Virginia. *Orlando*. Trad. Tomaz Tadeu. Belo Horizonte: Autêntica, 2015.

Filmes

A malvada. Direção: Joseph Mankiewicz. Estados Unidos: Twentieth Century Fox, 1950. Título original: *All About Eve*.

As horas. Direção: Stephen Daldry. Estados Unidos; Reino Unido: Paramount, 2002. Título original: *The Hours*.

As melhores coisas do mundo. Direção: Laís Bodanzky. Brasil: Gullane; Buriti Filmes, 2010.

Chá e simpatia. Direção: Vicente Minnelli. Estados Unidos: MGM, 1956. Título original: *Tea and Sympathy*.

Chega de saudade. Direção: Laís Bodanzky. Brasil: Gullane; Buriti Filmes, 2007.

Imitação da vida. Direção: Douglas Sirk. Estados Unidos: Universal, 1959. Título original: *Imitation of Life*.

Longe do Paraíso. Direção: Todd Haynes. Estados Unidos: Focus; Vulcan, 2002. Título original: *Far from Heaven*.

Minha vida é uma canção. Direção: Norman Taurog. Estados Unidos: MGM, 1948. Título original: *Words and Music*.

No tempo das diligências. Direção: John Ford. Estados Unidos: Walter Wanger, 1939. Título original: *Stagecoach*.

O segredo de Brokeback Mountain. Direção: Ang Lee. Estados Unidos; Canadá: Focus, 2005. Título original: *Brokeback Mountain*.

Os imperdoáveis. Direção de Clint Eastwood. Estados Unidos: Warner Bros., 1992. Título original: *Unforgiven*.

Os vivos e os mortos. Direção: John Huston. Reino Unido; Irlanda; Estados Unidos; Alemanha: Vestron Pictures, 1987. Título original: *The Dead*.

Transamérica. Direção: Duncan Tucker. Estados Unidos: Belladonna, 2005. Título original: *Transamerica*.

Tudo o que o céu permite. Direção: Douglas Sirk. Estados Unidos: Universal, 1955. Título original: *All That Heaven Allows*.

Tudo sobre minha mãe. Direção: Pedro Almodóvar. Espanha; França: El Deseo, 1999. Título original: *Todo sobre mi madre*.

um fósforo queimando dentro de
uma flor de açafrão
Virginia Woolf

Este livro foi composto com tipografia Bembo Std e impresso
em papel Off-White 90 g/m² na Formato Artes Gráficas.
